BLICK

Mittelstufe Deutsch
für Jugendliche und junge Erwachsene

Lehrbuch

BAND 1

D1725836

von Anni Fischer-Mitziviris
und Sylvia Janke-Papanikolaou

Max Hueber Verlag

| 3. | 2. | 1. | | | Die letzten Ziffern |
| 1999 | 98 | 97 | 96 | 95 | bezeichnen Zahl und Jahr des Druckes. |

Alle Drucke dieser Auflage können, da unverändert, nebeneinander benutzt werden.
1. Auflage
© 1995 Max Hueber Verlag, D-85737 Ismaning
Verlagsredaktion: Dörte Weers, Andreas Tomaszewski, München
Layout und Herstellung: Eckhard Popp, Markt Schwaben
Umschlaggestaltung und Zeichnungen: ofczarek!
Satz: abc satz bild grafik, Buchloe
Druck und Bindung: Druckerei Ludwig Auer GmbH, Donauwörth
Printed in Germany
ISBN 3-19-001573-2

Vorwort

Blick ist ein dreibändiges Lehrwerk für Jugendliche und junge Erwachsene mit guten Grundkenntnissen der deutschen Sprache (Zertifikat Deutsch als Fremdsprache). Es führt in drei Bänden zur Zentralen Mittelstufenprüfung des Goethe-Instituts. Band 1 bietet Material für etwa 150 Unterrichtseinheiten von je 45 Minuten.

Die einzelnen Lektionen enthalten **Themen**, die aus dem Erfahrungsbereich von Jugendlichen und jungen Erwachsenen kommen. Jede Lektion ist in vier Abschnitte unterteilt (A–D). Jeder Abschnitt beleuchtet das Lektionsthema aus einer eigenen Perspektive. Die **Texte** lassen sowohl (kritische) Identifikation (*Das könnte ich auch sein.*) als auch Distanzierung (*Das würde ich nicht tun.*) zu. Im D-Teil steht jeweils ein Auszug aus einem Jugendbuch. Vor allem diese Jugendbuchtexte bringen das Lese- und Buchinteresse in Gang und bieten Möglichkeiten der Identifikation und kritischen Auseinandersetzung. Darüber hinaus sind sie Anregung zum Weiterlesen, zur eigenen Lektüre von Literatur.

Alle **Fertigkeiten** werden integriert geübt. In der Regel stehen am Anfang Lese- und Hörtexte oder auch Bilder. Daran schließen sich produktive Übungen an (Sprechen und Schreiben). Gleichzeitig erhalten die Lernenden eine Reihe von praktischen **Lerntips**, die schülerzentriertes Arbeiten und das selbständige Arbeiten außerhalb eines Kurses ermöglichen.

Da erfahrungsgemäß die meisten Probleme bei der **freien Äußerung** Wortschatzprobleme sind, kommt der Arbeit mit dem lexikalischen Material eine besondere Bedeutung zu. Dies beginnt mit der systematischen Bedeutungserschließung von unbekannten Wörtern in Texten und führt über den richtigen Umgang mit dem Wörterbuch hin zu gezielten Übungen zur richtigen Anwendung und Lernspielen zur Festigung von Lexik. Die Wortschatzübungen im Arbeitsbuch können und sollen im Unterricht flexibel eingesetzt werden.

Die Übungen zur **Grammatik** sind jeweils an das Thema und die Texte der Lektion angebunden. Die Darstellung ist beispielorientiert; die Terminologie rückt in den Hintergrund oder entfällt ganz. In Band 1 werden vor allem Grammatikthemen der Grundstufe wiederholt und gefestigt, die erfahrungsgemäß immer wieder Probleme machen.

Der **Phonetikteil** im Anhang enthält zu jedem Kapitel Übungen zu typischen Ausspracheschwierigkeiten und kann ab dem jeweiligen B-Teil beliebig im Unterricht eingesetzt werden. Alle Übungen sind zur Selbstkontrolle auf der Kassette.

Das Lehrwerk besteht aus:
Kursbuch
Arbeitsbuch
Kassette
Lehrerhandbuch

Kassette

Spiel
im
Lehrerhandbuch

$\dfrac{AB}{1234}$ →

weitere Übungen
im
Arbeitsbuch

Inhalt

Grammatik

Verben mit *sich*
substantivierte Adjektive im Plural
Wiederholung: *sich* und *einander*
Satzverbindungen mit *und – aber – denn – oder – sondern*

Lerntips

Wörterlernen
globales und selektives Hören
Lesetips zum Erschließen unbekannter Wörter

Grammatik

Verben mit Präposition
Da(r) + Präposition
sich und *einander*
Kausalsätze mit *weil – da – deshalb – deswegen*
Wiederholung: *derselbe, dieselbe, dasselbe*

Lerntips

Auswendiglernen
Redemittel behalten

Grammatik

Konjunktiv II (Gegenwart)
Verben mit Dativ und Akkusativ
Wiederholung: Perfekt

Lerntips

überfliegendes und textverarbeitendes Lesen

Grammatik
konzessive Sätze mit *obwohl* und *trotzdem*
Konjunktiv II (Vergangenheit)
Relativsätze
Wiederholung: Präteritum

Lerntips
Lesetip: Vorwissen aktivieren

Grammatik
Adjektiv: Deklination und Vergleich
Passiv (Gegenwart)

Lerntips
Schlüsselwörter

Grammatik
Passiv (Vergangenheit)
Passiv mit Modalverben
werden – worden – geworden
Finalsätze
lokale Präpositionen

Lerntips
Hörtip: Informationen durch Bilder

Anhang: Phonetik zu Lektion 1-6

JUGENDLICHE IN DEUTSCHLAND

A FREIZEIT

Was macht euch Spaß, was nicht? Warum?

A1 Eine Umfrage

Ein Jugendmagazin hat eine Umfrage zum Freizeitverhalten von jungen Leuten in Deutschland gemacht.

 a) Was berichten die Jugendlichen? Hör zu.

Sabrina, 16

Leider habe ich nicht viel Zeit für mich. Neben der Schule und den Hausaufgaben muß ich viel im Haushalt helfen oder Einkäufe machen. Wenn ich mal freie Zeit habe, treffe ich mich mit Freunden im Eiscafé oder gehe spazieren. Ab und zu gehe ich ins Kino – aber meistens am Nachmittag, denn länger als bis um zehn darf ich abends nicht weg.

Daniel, 15

In meiner Freizeit treffe ich mich mit meinen Freunden aus der Schule. Dann gehen wir in die Stadt oder besuchen Rockkonzerte mit unseren Lieblingsbands. Ich interessiere mich auch für Computerspiele. Meine Freunde und ich tauschen Spiele aus, und oft spielen wir auch zusammen. Zum Glück habe ich nie viel für die Schule auf. So habe ich immer Zeit für meine Hobbys. Nur Sport gefällt mir nicht – das ist mir zu langweilig!

Nicole, 15

Wenn ich nach der Schule mit den Hausaufgaben fertig bin – das ist meistens um drei Uhr – beginnt meine Freizeit. Dann treffe ich mich mit meiner Freundin – bei mir oder bei ihr zu Hause. Wir hören Musik und reden über alles mögliche. Meine Hobbys sind Sport und Tanzen. Ich bin in einem

Fußballverein, und da trainieren wir zweimal in der Woche, und samstags ist ein Spiel. Zum Tanzen gehen meine Freundin und ich oft in eine Disco. Aber leider muß ich immer schon um neun Uhr zu Hause sein.

Christine, 17

Ich bin Mitglied bei Greenpeace. Das finde ich interessant. Dort kenne ich tolle Leute, und man kann etwas für die Umwelt tun. Gerade jetzt läuft unsere Aktion „Autofreie Innenstadt". Wir wollen den Leuten zeigen, daß man auch mit dem Bus oder dem Fahrrad fahren kann. Um so etwas zu organisieren, müssen wir uns so oft wie möglich treffen. Das ist manchmal anstrengend und kostet fast meine gesamte Freizeit. Aber es macht mir mehr Spaß als alle anderen Hobbys.

Julia, 16

Meine Freizeit verbringe ich am liebsten mit Lesen. Kriminalromane und Abenteuergeschichten interessieren mich am meisten. Dabei kann ich mich so richtig von der Schule erholen. Am Nachmittag lege ich mich aufs Bett und kann stundenlang schmökern[1], bis in die Nacht hinein. Sogar morgens beim Frühstück. Die Bücher kann ich mir natürlich nicht alle kaufen, das wäre zu teuer. Ich hole mir deshalb oft was zu lesen in unserer Stadtbücherei.

[1] schmökern: lesen

Jugendliche in Deutschland in ihrer Freizeit?

Markus, 16

Sie wollen wissen, was ich in meiner Freizeit mache? Am liebsten beschäftige ich mich mit Computern – Spiele und Programme und so. Das finde ich so spannend, daß ich manchmal überhaupt nicht weggehe und immer zu Hause vor dem Computer sitze. Die meisten meiner Freunde sind auch solche Computer-Fans. So können wir uns treffen und die neuesten Programme austauschen. Meine Eltern meckern[1] dann immer und sagen, ich soll mal raus an die frische Luft.

[1]meckern: schimpfen, kritisieren

Michael, 16

Ich mache eine ganze Menge in meiner Freizeit. Oft gehe ich ins Jugendzentrum. Dort treffe ich meine Clique. Ich finde es toll, daß es da Mädchen und Jungen gibt. Das ist nämlich nicht bei allen Cliquen so. Wir gehen oft in die Disco oder zum Fußball, wenn der Hamburger SV spielt. Das ist unsere Lieblingsmannschaft. Ich bin auch in einem Motorradclub. Wir treffen uns regelmäßig und fahren dann aus der Stadt raus, wenn das Wetter gut ist. Zu Hause ist es mir langweilig – ich bin eigentlich immer unterwegs.

Stefan, 14

Am liebsten beschäftige ich mich mit meinem Computer. Dann kommt auch oft ein Freund zu mir, und wir machen zusammen Programme. Oder ich sehe fern, aber vorher muß ich meine Hausaufgaben machen. Abends darf ich nicht fernsehen, wenn ich am anderen Tag Schule habe. Am Wochenende gehe ich mit meinen Freunden ins Kino. Das ist echt Spitze!

b) Wer macht das? Ergänze die Namen.

1. _____ hat/haben viel Freizeit.
2. _____ macht/machen nach der Schule Hausaufgaben.
3. _____ treibt/treiben Sport.
4. _____ trifft/treffen sich gern mit Freunden.
5. _____ bleibt/bleiben am liebsten zu Hause.
6. _____ darf/dürfen abends nicht lange ausgehen.
7. _____ liest/lesen gern.
8. _____ ist/sind in einem Verein.
9. _____ sieht/sehen gern fern.
10. _____ geht/gehen gern in die Disco.
11. _____ muß/müssen zu Hause helfen.
12. _____ hört/hören gern Musik.
13. _____ interessiert/interessieren sich für Computer.
14. _____ macht/machen Umweltprojekte.

SPIEL →

AB 1-3 →

Was machst du gern
in deiner Freizeit?

über/mehr als
genau
etwa/ungefähr
fast/knapp/
weniger als

c) Ergebnisse einer Umfrage
Beschreibe die Statistik. Was paßt zusammen?
Ordne zu und trage die genauen Prozentzahlen
ein.

		die Hälfte:	50 %
		ein Drittel:	33 %
		ein Viertel:	25 %
		ein Fünftel:	20 %
		ein Siebtel:	ca. 14 %
		ein Zehntel:	10 %
		ein Zwanzigstel:	5 %

Sport	50%	andere Hobbys	14%
Freunde	38%	Computer	8%
Ausgehen, Tanzen	27%	Kino	7%
Bücher, Lesen	25%	Hausaufgaben	7%
Musik, CDs	24%	Musik selbst machen	5%
Fernsehen	14%	allein sein	2%

✓ **a** Genauso viele Jugendliche

b Fast zwei Fünftel, nämlich ■ Prozent
der Jugendlichen,

c Genau ein Zwanzigstel, also ■ Prozent
der Jugendlichen,

✓ **d** Ein Prozent weniger, d.h. **7** Prozent
der Jugendlichen,

e Etwa ein Siebtel der Jugendlichen,
nämlich ■ Prozent,

f Ein Viertel der Jugendlichen,
also ■ Prozent,

g Weniger als ein Zehntel, nämlich
■ Prozent der Jugendlichen,

h Genauso viele Jugendliche, also auch
■ Prozent,

i Genau ein Viertel, d.h. ■ Prozent
der Jugendlichen,

j Und nur ■ Prozent der Jugendlichen

k Über ein Viertel der Jugendlichen,
nämlich ■ Prozent,

l Genau die Hälfte der Jugendlichen
(■ Prozent)

	interessiert sich für Sport.
	treffen sich mit Freunden.
	geht aus oder geht tanzen.
	liest in der Freizeit viel.
	interessiert sich für Musik und CDs.
	sieht fern.
a	beschäftigen sich mit anderen Hobbys.
	beschäftigt sich mit dem Computer.
d	geht gern ins Kino.
	machen in ihrer Freizeit Hausaufgaben.
	spielt selbst Musik.
	sind in der Freizeit gern allein.

d) Macht aus verschiedenen Materialien (Fotos,
Zeichnungen, Tickets usw.) Collagen zum
Thema Freizeit und stellt sie in der Klasse vor.

GR 1   **Verben mit *sich* (reflexive Verben)**

Die meisten Jugendlichen interessieren sich für
Sport. Sie beschäftigen sich auch mit anderen
Hobbys.

ich	interessicre	mich	
du	interessierst	dich	
er/sie/es	interessiert	sich	
			für Sport
wir	interessieren	uns	
ihr	interessiert	euch	
sie/Sie	interessieren	sich	

A2 Michael und Christine in ihrer Freizeit

Schreib weitere Aussagen wie im Beispiel und nimm dazu die Verben im Kasten.

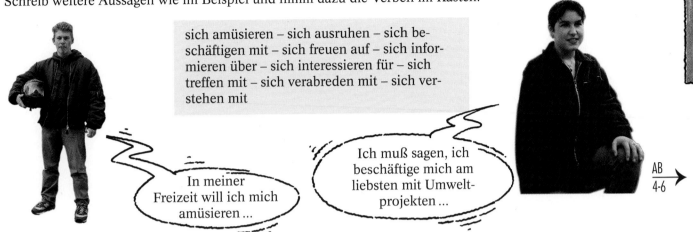

sich amüsieren – sich ausruhen – sich beschäftigen mit – sich freuen auf – sich informieren über – sich interessieren für – sich treffen mit – sich verabreden mit – sich verstehen mit

In meiner Freizeit will ich mich amüsieren ...

Ich muß sagen, ich beschäftige mich am liebsten mit Umweltprojekten ...

AB 4-6 →

GR2 Deklination der Adjektive und der substantivierten Adjektive (Plural)

Etwa 72 Prozent **der Jugendlichen** meinen, daß nur wenige Erwachsene Verständnis für **Jugendliche** haben. Von Freunden und Freundinnen lernt man mehr, sagen **die** meisten **Jugendlichen**. Dennoch: Heute ist der Kampf zwischen **Jugendlichen** und Erwachsenen nicht mehr so hart wie früher. Erwachsene sind für **die Jugendlichen** keine Gegner mehr. Trotzdem wollen **Jugendliche** von heute möglichst bald von ihren Eltern unabhängig sein.

Ergänze die Grammatiktabelle mit Hilfe des Textes.

wer?	die jung___ Leute ___	jung___ Leute ___	Nominativ
wen?	die jung___ Leute ___	jung___ Leute ___	Akkusativ
wem?	den jung**en** Leuten den Jugendlich**en**	jung___ Leuten ___	Dativ
wessen?	der jung___ Leute ___	jung**er** Leute Jugendlich**er**	Genitiv

nach:
die, diese, jene
dieselben
alle
die meisten
keine
meine, deine usw.
welche

Andere substantivierte Adjektive:

r/e Anwesende
r/e Arbeitslose
r/e Bekannte

r/e Deutsche
r/e Erwachsene
r/e Fremde
r/e Gleichaltrige

r/e Kranke
r/e Reisende
r/e Verletzte
r/e Verwandte

nach:
– (ohne Artikelwort)
mehrere
einige
ein paar
mehr
viele
20 (Zahlwörter)

A3 Für Jungen „Alexander", für Mädchen „Julia"

a) Ergänze die fehlenden Endungen.

„Alexander" und „Julia" waren 1992 die beliebtest___ Namen in Deutschland. Zwölf Jahre früher gefielen den Deutsch___ „Christian" und „Stefanie" am besten. Außerdem gehörten damals auch „Michael", „Stefan" und „Daniel" bei den Jungen, „Sabrina", „Christine" und „Melanie" bei den Mädchen zu den bevorzugt___ Namen der Deutsch___ für Neugeboren___. Die damals so genannt___ Kinder sind inzwischen Jugendlich___ geworden.

Mädchen:

1980	1992
1. Stefanie	1. Julia
2. Sabrina	2. Maria
3. Christine	3. Lisa
4. Melanie	4. Sarah
5. Kathrin	5. Katharina
6. Nicole	6. Anna, -e
7. Julia	7. Christine, -a
8. Sandra	8. Vanessa
9. Daniela	9. Laura
10. Nadine	10. Jennifer

Jungen:

1980	1992
1. Christian	1. Alexander
2. Michael	2. Daniel
3. Stefan	3. Michael
4. Daniel	4. Patrick
5. Markus	5. Kevin
6. Andreas	6. Christian
7. Matthias	7. Tobias
8. Alexander	8. Sebastian
9. Sebastian	9. Maximilian
10. Tobias	10. Florian

Stefanie aus Bremen sagt:

> Ja, es stimmt, viele gleichaltrig___ Mädchen heißen wie ich. In meiner Klasse bin ich zwar die einzige mit diesem Namen, aber in unserer Parallelklasse gibt es gleich drei Mädchen, die so heißen. Wie ich meinen Namen finde? Ich bin zufrieden, und auch meine Freunde und Bekannt___ finden ihn gut. Es stört mich nicht, daß noch ander___ Gleichaltrig___ so heißen. Und nicht nur die Deutsch___ mögen „Stefanie". Ich habe auch eine Brieffreundin in Ungarn, die so heißt!

b) Welche Namen gefallen dir am besten? Welche Namen werden in deinem Land am häufigsten verwendet?

Lerntip zum Wörterlernen

Arbeite nach jedem Lektionsteil (hier also Teil A) mit der Wortschatzliste im Arbeitsbuch.
Schau die Liste durch und markiere die Wörter, die du bisher in diesem Kapitel benutzt hast.
Schon jetzt solltest du regelmäßig diese Wörter lernen.
(s. Tips zum Vokabellernen, AB, Übung 15.)

AB
7-9

B KONTAKTE MIT JUGENDLICHEN AUS ANDEREN LÄNDERN

B1 Brieffreundschaften

a) Jugendliche suchen in Jugendzeitschriften
Brieffreunde. Auf welche Anzeige würdest
du antworten? Warum?

Hallo, ich bin 13 und
suche Brieffreund/in
zwischen 13 und 15
Jahren. Meine Hobbys
sind: Modelleisenbahn,
Fußball, Volleyball,
Briefmarken. Wenn ihr
wollt, legt ein Foto bei!
Ralf Ziegler, Heidestr. 5,
03044 Cottbus

Hilfe, ich brauche dringend
eine Brieffreundin! Ich hatte
noch nie einen Brief im Briefkasten. Ihr solltet zwischen
10 und 16 Jahre alt sein. Ich
bin 13. Meine Hobbys sind
Schwimmen, Jazz-Gymnastik
und Gitarrespielen.
Andrea Hofer, Goethestr. 15,
FL–9494 Schaan

Ich heiße Nicole Bauer
und suche einen Brief-
freund. Er sollte über
1,80 groß und minde-
stens 16 Jahre alt sein!
Wenn er auch noch
grüne Augen hätte …
Ich bin 14, habe braune
Augen und wohne im
Franzweg 8,
55595 Münchwald

Suche Brieffreund/in zwi-
schen 15 und 18 Jahren.
Ich selber bin 15. Womit
ich mich am liebsten be-
schäftige: Computer,
Musik, Tiere.
Stefan Jürgens,
Heinrich-Heine-Str. 25,
06642 Wangen

Hey, wer sucht wie ich eine
Brieffreundschaft? Ihr solltet
zwischen 13 und 15 Jahren
sein. Meine Hobbys sind Radfahren, Briefeschreiben, Skifah-
ren und Skateboard.
Gundi Berger (14),
Friedrichstr. 13,
CH–7500 St. Moritz

Hallo, ich bin ein Steinbock-
Girl und suche eine Brieffreundschaft aus dem Aus-
land. Du solltest zwischen 14
und 16 sein. Meine Hobbys:
Fotografieren, Klavier, Konzerte, Partys.
Silke Büsing, Plöner Str. 7,
24148 Kiel

b) Schreib selbst eine Anzeige.
Suchst du auch einen Brieffreund / eine Brieffreundin?
Dein Lehrer / Deine Lehrerin hilft dir dabei.

c) Warum hat man Brieffreunde? Welche Aussagen sind deiner Meinung nach richtig?

Ich finde, (daß) …
Ich bin der Meinung, (daß) …
Meiner Meinung nach …

Es ist uninteressant, was Menschen in anderen Ländern machen.

Es ist schön, Briefe zu bekommen.

Die Eltern wollen die Briefe lesen.

Man erfährt viel über Jugendliche aus anderen Ländern.

Briefeschreiben macht Spaß.

Telefonieren ist teurer.

Man kann so eine Fremdsprache besser lernen.

Telefonieren geht viel schneller und ist einfacher.

Man kann sich auch gegenseitig besuchen.

Man kann über aktuelle Themen schreiben.

Es gibt nicht viele Dinge, über die man berichten könnte.

Man kann etwas über die Lebensweise in anderen Ländern erfahren.

Man kann Vorurteile über andere Völker abbauen.

Schüler haben nicht genug Zeit zum Briefeschreiben.

Hallo, wer sucht wie ich Brieffreunde?
Ihr solltet zwischen 13 und 15 Jahre alt sein. Meine Hobbys sind Radfahren, Skateboard, Tennis, Musik.
Bitte mit Foto an
Monique Charbonnier
3, le dos de la pierre
F–35700 Rennes

B2   *Hallo, ich suche Brieffreunde!*

Monique sucht Brieffreunde und hat in einem Jugendmagazin eine Anzeige veröffentlicht. Den ersten Brief hat sie von Mark aus Deutschland bekommen.

a) Setze Marks Brief zusammen. Es gibt mehrere Möglichkeiten.

	Ich möchte auch gern junge Leute aus anderen Ländern kennenlernen.
	Ich heiße Mark Niebling, und ich wohne in Northeim.
	Im nächsten Brief schicke ich Dir ein Foto von mir.
	Ich bin einen Meter vierundsechzig groß, habe braune Haare und grüne Augen.

☐ Hallo Monique!

☐ Übrigens habe ich in vier Tagen Geburtstag.

☐ Neulich habe ich in einem Jugendmagazin unter „Brieffreundschaften" Deinen Namen und Deine Adresse gelesen.

☐ Dann werde ich fünfzehn.

☐ Ich warte auf Deinen Brief.

1 Northeim, den 12. März

☐ Ich suche schon lange eine französische Brieffreundin. Leider kann ich Dir aber nicht auf französisch schreiben.

☐ Und Du?

☐ Herzliche Grüße Mark.

☐ Sie ist sieben und ärgert mich die ganze Zeit.

☐ Ich spiele auch ein bißchen Gitarre, und manchmal mache ich mit meinem Freund Andreas zusammen Musik.

☐ In meiner Freizeit höre ich am liebsten Musik.

☐ Vielleicht kannst Du mir auch ein Foto von Dir schicken?

☐ Ich habe noch eine jüngere Schwester.

☐ Lernst Du schon lange Deutsch?

☐ Ich fahre auch Rad und schwimme gern.

b) Schreib den Brief nach der Gliederung in dein Heft.

der Briefumschlag

Monique Charbonnier
3, le clos de la pierre
F-35700 Rennes
France

◄ der Empfänger, die Anschrift

▼ der Absender

Mark Niebling
Göttingerstr. 21
D-37154 Northeim

Ort, Datum

Anrede

Einleitung

Hauptteil:

1. Warum schreibst du?

2. Stell dich kurz vor.

3. Erzähle, was du gern in deiner Freizeit machst.

Schluß

Grußformel
Unterschrift

B3 Ein Jahr in Deutschland – Austauschschüler berichten

Kevin und Susanna sind Austauschschüler. Ein Jugendmagazin hat sie am Ende ihres Jahres in Deutschland interviewt.

a) Hör das Interview mit Kevin aus den USA. Löse dann Teil A der Aufgaben auf der linken Seite. Hör den Text noch einmal und löse Teil B.

A) Was ist richtig? (Manchmal können mehrere Lösungen richtig sein.)

B) Beantworte die Fragen in kurzen Sätzen.

1 Was ist anders in Deutschland?
▨ die Familien
▨ die Menschen
▨ die Städte

Wie sind sie?

2 Was ist anders in der Schule?
▨ das Schulsystem
▨ die Ausbildung der Lehrer
▨ die Schulfächer

Wie ist es in Deutschland, und wie ist es in Amerika?

3 Wie fand Kevin die Schule in Deutschland?
▨ Er fand die Schule zu anstrengend.
▨ Die Schule war langweilig.
▨ Die Schule hat ihm Spaß gemacht.

Warum?

4 Anders als in Amerika sind in Deutschland auch
▨ die Unterrichtszeiten
▨ die Freizeitaktivitäten der Schüler
▨ die Freundschaften

Was erfährst du darüber?

5 Was sagt er über das Essen?
▨ Der Kaffeeklatsch hat ihm gut gefallen.
▨ Das deutsche Essen hat ihm nicht geschmeckt.
▨ Das Mittagessen fand er gemütlich.

Was sagt er noch darüber?

6 Wie beurteilt er sein Jahr in Deutschland?
▨ Er fand es zu lang.
▨ Es hat ihm gut gefallen.
▨ Es war ganz nett.

Warum?

Hörtip
Beim ersten Hören brauchst du nur die wichtigsten Textaussagen zu verstehen. Einzelheiten sind jetzt noch nicht so wichtig. Beim zweiten Hören achtest du auf die Einzelheiten.

b) Hör das Interview mit Susanna aus Kenia. Was fand sie in Deutschland positiv?

▨ das Klima
▨ ihre Gastfamilie
▨ die Schule
▨ die Sprache
▨ die alten Gebäude
▨ die Arbeitsteilung in der Familie
▨ die Freundschaft zwischen Jungen und Mädchen
▨ die Schuluniformen
▨ die Schulgebäude
▨ die Freizeitaktivitäten der deutschen Schüler

c) Hör das Interview noch einmal. Was ist richtig, was ist falsch (r/f)?

☐ Susanna ist im Winter nach Deutschland gekommen.
☐ Susanna hatte anfangs Probleme mit dem Wetter.

☐ Susanna fühlte sich in der Gastfamilie gleich so wohl wie in ihrer eigenen Familie in Kenia.
☐ Die Gasteltern waren beide Lehrer.
☐ Wenn Jungen und Mädchen zusammen in eine Klasse gehen, gibt es oft Schwierigkeiten.
☐ In ihrer Gastfamilie haben alle im Haushalt mitgeholfen.
☐ Susanna hat auch die Freundinnen ihrer Gastschwester kennengelernt.
☐ Susanna findet, daß es in Deutschland zu viele alte Gebäude gibt.
☐ Anfangs verstand Susanna nicht viel Deutsch.
☐ Barbara möchte Susannas Muttersprache lernen, weil sie in Nairobi mit ihr zur Schule gehen wird.

d) Seht euch das Bild an.
Was ist für euch typisch deutsch? Diskutiert darüber in der Klasse.

B4 *Begrüßung*

a) Was sagen französische Austauschschüler über die Deutschen?
Sieh dir die Bilder an und ergänze die Sätze.

AB
10-11 →

Die Franzosen ▭
Die Deutschen nicht.

Dic Franzosen ▭
Die Deutschen nicht.

Die Deutschen ▭
nur die Hand.

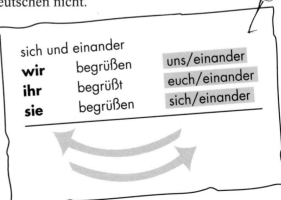

sich und einander
wir begrüßen   uns/einander
ihr begrüßt   euch/einander
sie begrüßen   sich/einander

b) Wie begrüßt man sich in deinem Land?

17

B5 Schüleraustausch

a) Hier sind zwei Zeitungsartikel durcheinander gekommen.
Welche Texte gehören zu Artikel 1, welche zu Artikel 2?
Ordne zu und bring die Teile in die richtige Reihenfolge.

② **Bis nächsten Sommer in Orjol!
Deutsch-russischer Schüleraustausch**

Die Welt kennenlernen und mit Gleichaltrigen Freundschaft schließen – das war der Wunsch der 14- bis 16jährigen Schüler und Schülerinnen aus Orjol in Rußland. Zusammen mit einer Schulklasse aus Offenbach fuhren sie in die Ferien – nach Waldkraiburg, etwa 80 Kilometer östlich von München. Alles war genau organisiert. Tagsüber wurden Arbeitsgruppen angeboten: Folklore und Tanz, Video und Zeitung. In der Video-AG sollte ein Videofilm für den Russischunterricht in der Bundesrepublik Deutschland gedreht werden.

① **Freundschaft über Grenzen
Deutsch-ungarischer Schüleraustausch**

Freundschaft kennt keine Grenzen. Davon sind 19 Schüler und Schülerinnen der Kölner Gesamtschule Holweide überzeugt. Seit mehr als einem Jahr sind sie mit Schülern in Ungarn befreundet.

Thema des Films war eine Romanze zwischen einem deutschen Jungen und einem russischen Mädchen.

Am Abend saßen sie meistens um ein Lagerfeuer und sangen Lieder, zum Beispiel das Lagerlied. Die Melodie dazu stammte aus einer bekannten russischen Zeichentrickfilmserie mit dem Krokodil Gena.

1 a Zuerst hatten die Jugendlichen nur Briefkontakt, dann kamen die ungarischen Schüler zu Besuch nach Köln, und jetzt fuhren die Kölner Schüler nach Budapest.

Abends hatten die Jugendlichen Zeit für Sport, Kino oder einen Spaziergang durch die Stadt. Oft gingen sie auch zusammen in Discos und schlossen auch mit anderen ungarischen Jugendlichen Freundschaft.

Gena war das Maskottchen des Treffens; das Krokodil grinste auch von den T-Shirts, die extra für die Partnerschaft hergestellt worden waren.

Eine Szene spielte live im Schwimmbad von Waldkraiburg. „Hast du einen Freund in Orjol?" sollte Daniel auf russisch zu Lena sagen.

Ein Höhepunkt zum Schluß waren Einladungen beim ungarischen Fernsehen und bei einem Radiosender. Besonders spannend fanden die Kölner ein Interview in einer Live-Sendung – Eindrücke, die den Kölnern in Erinnerung bleiben werden.

Dort wohnten die 16- und 17jährigen Jungen und Mädchen eine Woche lang bei den Familien ihrer Austauschschüler.

Eine andere Arbeitsgruppe machte jeden Tag eine Wandzeitung.

Vier Redakteure und viele Mitarbeiter schrieben über das, was im Lager passierte, jeder in seiner Fremdsprache! Mit einem Computer druckten sie die Artikel in lateinischer und kyrillischer Schrift aus.

Die Kölner waren von diesen privaten Kontakten begeistert. Das gefiel ihnen besser als das offizielle Programm mit Rundfahrten durch das Land und einem festlichen Empfang beim Bürgermeister von Budapest.

In ihrer ungarischen Partnerschule durften die Kölner am Unterricht teilnehmen; von den Lehrern bekamen sie zur Erinnerung eine Plakette mit dem Wappen der Schule.

Dann der Abschied: am Bahnsteig sangen sie mit traurigen Gesichtern noch einmal ihr Lied. Genau drei Tage Zugfahrt zurück nach Orjol hatten die Russen vor sich. Im nächsten Jahr werden die Deutschen drei Tage lang im Zug sitzen – auf dem Weg zu ihren russischen Freunden.

Bestimmt zwanzigmal mußte Daniel den russischen Satz wiederholen, bis die Intonation stimmte. „Im normalen Unterricht wäre niemand so geduldig", freute sich der Regisseur Heiner Zeller.

b) Stell dir vor, du hättest bei einem Schüleraustausch mitgemacht. Schreib eine Phantasiegeschichte:

– über das Land / den Ort;
– über deine Gastfamilie / gleichaltrige Jugendliche;
– über die Schule / die Lehrer;
– darüber, was ihr unternommen habt;
– darüber, was dir besonders aufgefallen ist, weil es anders oder irgendwie merkwürdig war;
– über die Sprache, mit der ihr euch verständigt habt;
– darüber, ob ihr weiterhin in Kontakt bleiben wollt.

C DISCO

C1 *Jugenddisco auf dem Land*

STELLE **ZEPPELIN** DANCE AND FLY

a) Lies den Text. Welche Überschrift paßt zu welchem Textabschnitt? Ordne zu.

1 Perfekter Sound in alter Fabrik
2 Warum Jugendliche in die Disco gehen
3 Das Ende einer Disconacht
4 Stelle, der Tip für Discofans
5 Discobekanntschaften
6 Treffpunkt ZEPP

A

Freitag und Samstag abend fahren viele Jugendliche nach Stelle. Der kleine Ort liegt zwischen Hamburg und Lüneburg. Ein Dorf, das jungen Leuten sonst wenig zu bieten hat. Wer was erleben will, muß in eine größere Stadt fahren. Doch seit ein paar Jahren gibt es hier eine der größten Discos Norddeutschlands: Das Zeppelin, kurz ZEPP genannt.

B

Der 2000 Quadratmeter große Disco-Palast steht in einem Industriegebiet. Von außen sieht das ZEPP aus wie ein langweiliges Fabrikgebäude. Doch innen findet man einen perfekten Sound und buntes Laserlicht. Jugendliche aus der ganzen Umgebung treffen sich hier jedes Wochenende. Wer selber kein Auto hat, versucht bei Freunden mitzufahren. Für die anderen haben die Macher[1] vom Zeppelin einen Bus organisiert. Der fährt durch verschiedene Orte und kommt dann um ca. 21 Uhr zur Disco. Nach Mitternacht geht's zurück.

C

Claudia besucht seit einem halben Jahr regelmäßig das ZEPP. Drei Tage nach ihrem 16. Geburtstag fuhr sie mit einer Freundin das erste Mal dorthin. Das hatte sie sich schon lange vorgenommen. „Wenn ich 16 bin, gehe ich ins ZEPP!"
Gleich am ersten Abend hat sie ihren heutigen Freund Michael kennengelernt. Kaum zu glauben, aber wahr. Michael hatte wild nach Acid-Musik getanzt. Er bat Claudia mitzumachen. Beim Tanzen setzte er ihr seine Mütze auf. So hatte er einen Grund, Claudia zwei Tage später anzurufen. Er hat die Mütze abgeholt. Ganz schön raffiniert[2]! Claudia war ganz überrascht, als Michael das erste Mal kam. „Irgendwie war er ganz anders als in der Disco", sagt Claudia. Discobekanntschaften halten meistens nicht lange. Bei Claudia und Michael ist das anders. Die beiden treffen sich so oft wie möglich. Leider wohnen sie nicht am gleichen Ort. Zum Glück gibt es eine gute Zugverbindung. Ins ZEPP fahren sie mit dem Bus. Manchmal gehen sie auch in andere Discos.

D

In Lüneburg, wo Claudia wohnt, gibt es ein paar kleinere Discos. „Manchmal sind die kleineren Läden irgendwie gemütlicher und persönlicher."
Trotzdem, das ZEPP ist im Moment am beliebtesten. Warum geht man eigentlich in die Disco? Blöde Frage! „Um Leute zu treffen." „Um endlich mal wieder richtig zu tanzen." „Wegen der Musik." Die Disco ist für viele der Höhepunkt des Wochenendes. Am Freitag oder Samstag abend „will man den Alltag vergessen!"

E

Marc ist Michaels Freund. Sie kennen sich aus der Schule. Jetzt machen beide eine Lehre; sie sehen sich nicht mehr so häufig wie früher. Das liegt natürlich auch daran, daß Michael jetzt oft bei Claudia ist. Aber im ZEPP treffen sich die drei. Ab und zu fährt Marc auch nach Hamburg, ins MADHOUSE. „Aber die Stimmung in einer Großstadtdisco ist doch was anderes", sagt Marc.

F

Es ist Mitternacht, gleich fährt der Bus zurück. Das ZEPP ist noch bis ca. 4 Uhr morgens geöffnet. „Mist, immer wenn die Musik gut wird, müssen wir gehen!" Discjockey Holly sagt noch einige Grüße an. „Moni, Peter, Ralf und Susi wünschen dem Supermann Michael K. das Beste zum 18. Geburtstag!" „Happy Birthday auch für Sabine von ihrem Liebsten!" Dazwischen ein paar Takte Musik. Auch Michael hat sich einen Gruß vom Discjockey gewünscht: „Michael A. liebt Claudia T. noch immer!" Olala!

[1] Macher: die Verantwortlichen
[2] raffiniert: fein ausgedacht

b) Claudia schreibt in ihr Tagebuch, wie sie und Michael sich im ZEPP kennengelernt haben. Schreib den Text weiter.

> Heute war ich mit Anja im ZEPP. Endlich!
> Da wollte ich schon lange hin, weil ...

c) Lies den Text noch einmal. Ergänze die Sätze und schreib sie in dein Heft.

1 ▨▨▨▨, denn dort gibt es eine der größten Discos Norddeutschlands.
2 ▨▨▨▨, aber innen findet man tolle Musik und tolle Lichteffekte.
3 ▨▨▨▨, oder man fährt bei Freunden mit.
4 ▨▨▨▨, und noch immer sind sie befreundet.
5 ▨▨▨▨, sondern er macht jetzt eine Lehre.
6 ▨▨▨▨, denn in letzter Zeit ist Michael oft mit Claudia zusammen.
7 ▨▨▨▨, sondern man kann dort auch Leute kennenlernen.
8 ▨▨▨▨, denn um diese Zeit fährt der Bus zurück.

GR3 Satzverbindungen mit *und – aber – denn – sondern – oder*

Ergänze die Sätze. Achte auf die Wortstellung.

AB
12-15 →

	Position 0	Position 1	Position 2 (Verb)	
Claudia und Michael gehen oft ins ZEPP,	und	sie meistens	treffen	sich dort mit ihren Freunden. **sie sich dort mit ihren Freunden.**
Michael und Mark sind beide Lehrlinge,	aber	sie leider	arbeiten	nicht in derselben Firma. ▨▨▨▨
Sie fahren immer mit dem Bus ins ZEPP,	denn	sie noch	haben	noch keinen Führerschein. ▨▨▨▨
Das „Crazy kids" ist nicht mehr in Hamburg,	sondern	es jetzt	ist	jetzt in Lüneburg. ▨▨▨▨
Entweder gehen die Jugendlichen in die Disco,	oder	sie im Sommer	gehen	im Sommer in ein Eiscafé. ▨▨▨▨

	und aber denn sondern oder	
Hauptsatz,		Hauptsatz

C2 *Ein Interview*

Zwei Reporter haben mit Stefan Bauer, 17, aus Hamburg gesprochen.
Er besucht das ZEPP regelmäßig.

a) Hör das Interview. Worüber bekommst du
Informationen?

  An welchen Tagen die Disco geöffnet ist.
  Wie lange sie offen ist.
  Wer nicht in die Disco gehen darf.
  Wieviel Geld man dort braucht.
  Ob eine bestimmte Kleidung notwendig ist.
  Ob die Leute immer mit Partner kommen.
  Wie man nach dem Discobesuch wieder nach
  Hause kommt.
  Was die Rückfahrt kostet.

b) Hör das Interview noch einmal und mach dir
Notizen zu den einzelnen Informationen.

c) Wie sind die Discos, in die du gehst? Schreib
einen kurzen Bericht darüber. Du kannst dich
an den Punkten unter a) orientieren.

C3 *Schaum-Party*

a) Was kannst du auf dem Foto erkennen?
   (Wer? Was? Wo? Wie?)
b) Schreib einen Text dazu. Nimm dazu die angegebenen Redemittel.

● (zwar) Schaumschlacht / Jugendlichen Riesenspaß machen,

● (denn) mit den nassen Kleidern sehr komisch aussehen

● sich dabei sehr gut amüsieren

● „Schlacht" / völlig ungefährlich sein, (denn) niemand / sich verletzen können

● (aber) nächstes Mal lieber im Badeanzug kommen wollen,

❶ neuer Hit in München, Köln / Schaum-Partys sein

● Jungen, Mädchen / sich mit Schaum aus Wasserpistolen bespritzen (und)
   gleichzeitig Rock- und Popmusik hören

● Discotheken, Hallen / nach kurzer Zeit wie riesige Badewannen aussehen

> Ein neuer Hit in München und Köln sind ...

C4 *Machst du mit?*

a) Wie könnte ein Gespräch zwischen Rita und Judith oder Berti und Alex verlaufen? Schreibt zu zweit Dialoge. Nimm dazu die Redemittel im Kasten.

> Rita geht jedes Wochenende in die Disco, weil sie dort tanzen und ihre Freunde treffen kann. Ihre Freundin Judith findet das langweilig. Sie meint, es gibt viele Gründe, warum man etwas anderes tun sollte. Deshalb möchte sie, daß Rita Mitglied in ihrem Tennisclub wird, denn dort gibt es außer Sport auch Tourneen, Clubtreffen und Partys.

> Berti ist in einem Motorradclub. Da fahren sie am Wochenende oft zusammen weg. Berti möchte seinen Freund Alex dazu überreden, auch mitzumachen. Alex ist ein sportlicher Typ, verbringt seine Freizeit aber meist allein zu Hause oder manchmal in einem Fußballverein.

> Du solltest wirklich mal …
> Komm / Mach doch mit!
> Da könntest du / könnten wir doch …
> Sei doch nicht so!
>
> Immer (wieder) …
> Und immer dieselben …
> … wäre mir allmählich langweilig
> … würde mir (allmählich) auf den Geist/ auf die Nerven gehen!

b) Überlegt euch Situationen und spielt sie.

Beispiel:
▲ Kommst du mit zum Strand?
● Dazu hab' ich wirklich keine Lust!
  Ich würde lieber ins Domino gehen.
▲ Ach, immer ins Café! Komm doch mit, das Wetter ist so schön!
● Also gut, aber nur eine halbe Stunde.

D TRÄUME

Der folgende Text ist aus dem Jugendbuch *Ich will mit dir gehn* von Monika Seck-Agthe.

Das Buch handelt von der 15jährigen Conni und ihren Träumen. Conni ist mit Cora befreundet, die gegenüber auf der anderen Straßenseite wohnt.

Monika Seck-Agthe, 1954 geboren, studierte in Frankfurt/M. Pädagogik und Kunsterziehung. Seit 1979 arbeitet sie als freie Autorin und Journalistin für Zeitschriften, Buchverlage und für das deutsche Kinderfernsehen.

D1 Ich will mit dir gehn

a) Lies den ersten Textabschnitt. Versuche, die unterstrichenen Ausdrücke mit Hilfe der Lesetips zu verstehen, und notiere ihre Bedeutung.

Gestern haben die Ferien angefangen. Für Cora war es der letzte Schultag ihres Lebens. Sie geht ab.
„Warum soll ich hier rumstrampeln", sagt sie.
5 „Studieren ist sowieso nicht drin. Oder wenn doch, dann ist eben danach tote Hose. Da kann ich doch auch gleich was anderes machen." Coras Tante hat eine Parfümerie, wo sie eine richtige Lehre anfangen kann.
10 Wenn alles gutgeht, kann Cora auch weiterhin da arbeiten, irgendwann den Laden vielleicht sogar führen.
„'ne echte Lebensstellung!" sagt Cora und lacht. „Und immer hübsch lackierte Finger-
15 nägel. Was willste mehr!"
Am Nachmittag liegen Cora und Conni im Grüneburgpark.

b) Was erfahren wir über Cora? Welche Aussagen sind richtig? Wie heißt es im Text?

▢ Sie wird nicht weiter zur Schule gehen.
▢ Ihre Eltern haben nicht genug Geld, um ein Studium zu bezahlen.
▢ Ihre Eltern haben ein Geschäft, in dem sie arbeiten kann.
▢ Sie möchte nicht studieren, weil sie nach dem Studium sowieso keine Arbeit finden würde.
▢ Sie strengt sich nicht gern an.
▢ Sie sieht gern schick aus.
▢ Sie will eine Berufsausbildung machen.

Lesetips

Lies den Text nicht Wort für Wort, sondern in Sinneinheiten oder Sätzen. Keine Angst vor Wörtern, die dir auf den ersten Blick unbekannt erscheinen: Du brauchst nicht jedes Wort zu kennen, um die Gesamtbedeutung des Textes zu verstehen. Es gibt ein paar Tricks, um die Bedeutung unbekannter Wörter zu erschließen. So brauchst du nicht jedesmal im Wörterbuch nachzuschauen.
Versuche immer erst, ohne Wörterbuch auszukommen!

1. Kontext
Das Bekannte hilft, das Unbekannte zu verstehen. Du kannst eine Wortbedeutung mit Hilfe des Kontexts erraten.
Beispiel: *Verfügen Sie über Spanisch-Kenntnisse? = Haben Sie Spanisch-Kenntnisse? Können Sie Spanisch?*

2. Wortbildung
Löse das zusammengesetzte Wort in seine Bestandteile auf: Einzelwörter, Vor-/Nachsilben, Stamm.
Meist kennst du Teile der Zusammensetzungen.
Beispiele: *Gesamtbedeutung = Bedeutung des gesamten Textes. Oma hat schon wieder ihre Brille verlegt. = ihre Brille an einen falschen Ort gelegt.*

3. Internationale Wörter
Viele Wörter erkennst du, weil es sie in deiner Muttersprache gibt, oder weil du sie in einer Fremdsprache (z.B. Englisch) kennengelernt hast.
Beispiel: *Ich würde gern Psychologie studieren.*

c) Versuche beim Weiterlesen, unbekannte Wörter mit Hilfe der Lesetips zu verstehen. Sprecht am Ende darüber, welche Wörter ihr trotzdem nachschlagen mußtet.

„Was ist jetzt mit den Karten?" fragt Conni und blinzelt in die grelle Sonne. „Klappt das?" „Natürlich." Cora nickt. „Die sind bestellt. Wir kriegen die besten Plätze, die es überhaupt gibt. Jürgen bringt die Dinger nächste Woche mit."
5
„So richtig aus der Nähe sieht man ihn sicher gar nicht", sagt Conni betrübt.

d) Überlegt zusammen in der Klasse: Was für *Karten* könnten das sein? Wer könnte *er* sein, den man nicht richtig aus der Nähe sieht?

Sie stellt sich das schrecklich vor: mit David K. in derselben Halle zu sein, ihn zu sehen, richtig lebendig zu sehen –
10
und doch ganz weit weg von ihm zu sein. Das schönste wäre, ihn am Ärmel zupfen zu können. Er würde sich umdrehen. Connis und seine Augen würden sich treffen. Er
15
würde Conni nicht wegscheuchen oder ignorieren, so wie andere berühmte Typen das machen. Es würde ihn treffen wie der Blitz. Und dann bräuchte gar nicht mehr viel gesagt zu werden. „Ich gehe mit David K.",
20
würde Conni abends ganz cool bemerken und ihren Seesack vom Schrank holen. Mutsch würde heulen, Papa toben. Alles wäre aber egal. Conni würde mit David K.
25
rausfahren zum Flughafen und mit ihm die Maschine nach London besteigen. Drüben in England würde sie sein Haus sehen, darin wohnen mit ihm. Sie würde in seinem Bett schlafen, er würde ihr einen Schlafanzug
30
leihen, graue Rohseide oder so was.

e) Wovon träumt Conni? Was würde *sie* tun, was würde *er* tun? Wähle die richtigen Ausdrücke aus und bilde Sätze.

berühmt werden	sich in sie verlieben
ihn kennenlernen	von zu Hause weg-
ihn im Urlaub in	laufen
England besuchen	mit ihren Eltern nach
mit ihm zusammen-	England fliegen
leben	sie mitnehmen

„Wieso", fragt Cora und reißt Conni aus ihrem Traum. „Wir sitzen doch auf den teuersten Plätzen. Ganz vorn."
35
„Wirklich?"
„Logisch! Das sind genau die Plätze, wo die Leute von der Agentur selbst auch sitzen. Glaubst du, die quetschen sich in irgendeine dunkle Saalecke?"
40
„Wie … wir sitzen ganz vorn? Wo die Leute sind, die ihn richtig kennen oder so?"
„Logisch." Cora kaut heftig auf ihrem Kaugummi.
„Und dein Bruder?" fragt Conni aufgeregt.
45
„Ich meine … hat der schon mal richtig was geredet mit ihm?"
„Na sicher." Cora zieht eine Tube Haargel aus der Tasche und drückt sich einen dicken Tropfen der blubberigen Paste in die Hand-
50
fläche.
„Das muß er wohl in seinem Job", fügt sie hinzu.
„Ist doch aber auch gar nicht so wild. Mal so 'n bißchen mit einem zu quatschen. Kannst
55
du auch haben." Cora lacht.
„Ach, komm, Cora." Conni winkt ab. „Du spinnst doch."
„Überhaupt nicht!" Cora wirft Conni einen empörten Blick zu. „Ich arrangier dir das,
60
wenn du willst! Echt!"
„Du hörst dich wohl gern reden, was?" Conni dreht sich müde auf die Seite. Die Sonne knallt heiß auf die Parkwiese.
„Wirst schon sehen", sagt Cora und schmiert
65
sich das Gel in die Haare. „Wirst schon sehen. Das geht klar, auf jeden Fall."

f) Was möchte Cora organisieren? Kann sie das, was meinst du?
Welches Mädchen ist dir sympathischer? Warum?

Conni läuft tatsächlich von zu Hause weg und fährt ein paar Tage mit David K. und seiner Gruppe mit, um in seiner Nähe zu sein. Aber dann kommt alles anders, als sie es erwartet hat …

Wenn du wissen willst, wie es weitergeht, lies das Buch.

D2 „Ich träume vor mich hin ...“

a) Ordne den Traumbildern die passenden Handlungen zu.

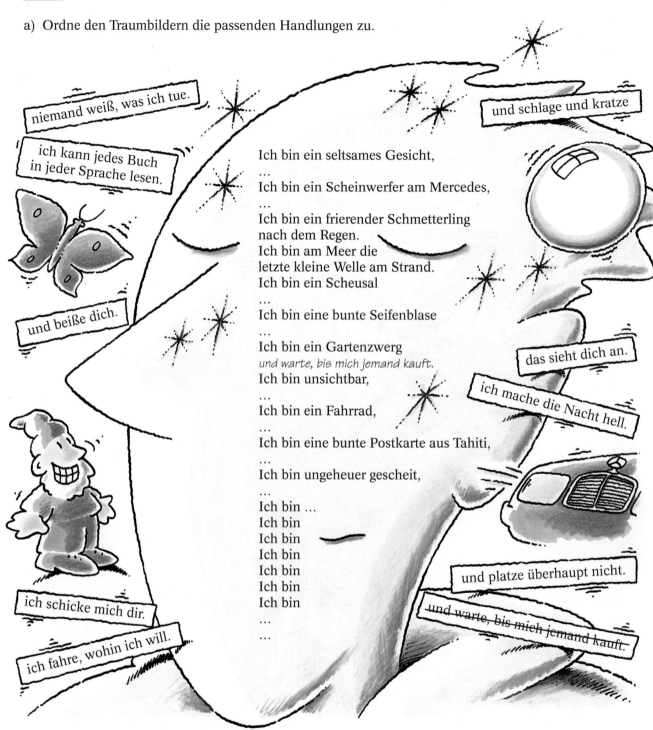

niemand weiß, was ich tue.

ich kann jedes Buch in jeder Sprache lesen.

und beiße dich.

ich schicke mich dir.

ich fahre, wohin ich will.

und schlage und kratze

das sieht dich an.

ich mache die Nacht hell.

und platze überhaupt nicht.

und warte, bis mich jemand kauft.

Ich bin ein seltsames Gesicht,
...
Ich bin ein Scheinwerfer am Mercedes,
...
Ich bin ein frierender Schmetterling nach dem Regen.
Ich bin am Meer die letzte kleine Welle am Strand.
Ich bin ein Scheusal
...
Ich bin eine bunte Seifenblase
...
Ich bin ein Gartenzwerg
und warte, bis mich jemand kauft.
Ich bin unsichtbar,
...
Ich bin ein Fahrrad,
...
Ich bin eine bunte Postkarte aus Tahiti,
...
Ich bin ungeheuer gescheit,
...
Ich bin ...
Ich bin
Ich bin
Ich bin
Ich bin
Ich bin
Ich bin
...
...

b) Was fällt dir ein, wenn du von dir träumst? Schreib auf, ohne lange nachzudenken. Du hast 3 Minuten Zeit!

c) Ordne deinen Traumbildern passende Handlungen zu und schreib selbst ein Gedicht.

FREUNDSCHAFT UND LIEBE

A FREUNDSCHAFT

Wann braucht man gute Freunde?

A1   *Jugendforum*

a) Welche Eigenschaften findet ihr bei einem Freund / einer Freundin am wichtigsten? Nennt jeweils zwei. Macht eine Statistik in der Klasse.

Ehrlichkeit	Intelligenz	Zärtlichkeit
	Interesse an Kultur und Politik	
Humor	gutes Aussehen	Geld

b) Das Kölner Institut für Empirische Psychologie fragte etwa tausend Jugendliche, welche Eigenschaften ein Freund / eine Freundin haben sollte und zu wem sie das größte Vertrauen haben.

Bildet in der Klasse zwei Gruppen und lest in jeder Gruppe einen Text mit den Ergebnissen. Ergänzt die passenden Angaben.

Für die meisten Jugendlichen steht Ehrlichkeit an erster Stelle. 44% der Jungen halten diese Eigenschaft für sehr wichtig. Bei den Mädchen sind es noch 11% mehr.
Für 30% der Jungen spielt die Intelligenz eine wichtige Rolle. 2%
5 weniger Jungen finden Humor wichtig. Bei den Mädchen liegt der Prozentsatz bei beiden Eigenschaften nur um 1% höher als bei den Jungen.
Ob der Freund / die Freundin Geld hat, interessiert nur wenige Jugendliche. Allerdings achten 5% mehr Jungen als Mädchen
10 darauf. Auch das Aussehen ist für die Jungen wichtiger als für die Mädchen. Hier gibt es einen Unterschied von 4%.
Für die Mädchen spielt Zärtlichkeit eine große Rolle. 10% mehr Mädchen als Jungen halten diese Eigenschaft für wichtig.
Interesse an Politik und Kultur wünschen sich 6,9% mehr Mädchen
15 als Jungen.

Welche Eigenschaften sind für dich bei einem Freund / einer Freundin wichtig?*		
	Jungen %	Mädchen %
gutes Aussehen	37,0	
Intelligenz		
Geld		
	13,0	
Ehrlichkeit		
Zärtlichkeit		
Humor		26,0
Interesse an Kultur und Politik		19,6

* Mehrfachnennungen sind möglich.

Wenn junge Leute Probleme haben, dann sprechen sie darüber am liebsten mit dem besten Freund oder mit der besten Freundin. Zur besten Freundin haben 47,5% der Mädchen das größte Vertrauen. Mit der Mutter können nur wenige Mädchen über ihre Probleme
5 sprechen. Bei den Jungen ist es nicht anders. Nur 2,4% mehr Jungen als Mädchen sagen, daß die Mutter ihre Vertrauensperson ist. Der Vater ist für die Mädchen und Jungen auch nicht sehr wichtig. Weniger als 1% der Mädchen würden zu ihm gehen, wenn sie Probleme hätten. Bei den Jungen sind es nur 4,4% mehr als bei
10 den Mädchen. Die Jungen vertrauen ihrem besten Freund am meisten. Für 29,4% mehr Jungen als Mädchen spielt er eine große Rolle. Die beste Freundin dagegen wird nur von wenigen Jungen genannt. 41,5% weniger Jungen als Mädchen finden sie wichtig. Für über 25% der Mädchen ist der Partner wichtig. 8,6% weniger
15 Jungen nennen die Partnerin als Vertrauensperson.
Einige Jugendliche haben zu niemandem Vertrauen. Das sagen dreimal so viele Jungen wie Mädchen.

Wer ist deine Vertrauensperson, mit der du über alles sprechen kannst?		
	Jungen %	Mädchen %
Mein bester Freund		8,3
Meine beste Freundin		
Mein(e) Partner(in)	17,6	
Meine Mutter	12,7	
Mein Vater		0,4
Ich vertraue niemandem.		4,1

c) Fragt eure Mitschüler / Mitschülerinnen aus der anderen Gruppe nach ihren Ergebnissen und ergänzt die andere Statistik.

Für wie viele Jungen/Mädchen
– ist ... wichtig?
– spielt ... eine große Rolle?

Für wie viele Jungen/Mädchen
ist ... die Vertrauensperson?

Für ... % der Jungen/Mädchen
– ist ... wichtig.
– spielt ... eine große Rolle.

AB
1 →

A2 Jugend 1974 – wie war es früher?

Die Zeitschrift *JUMA* hat mit Jugendlichen der siebziger Jahre gesprochen.
Hier sind zusammenfassend die Ergebnisse der Reportage.

Freundschaft, Freunde – das waren schon in den siebziger Jahren die wichtigsten Dinge für die jungen Leute. Wenn die Jugendlichen dieser Generation persönliche Probleme oder auch Probleme in der Schule hatten, konnten sie bei den Freunden Hilfe und Verständnis
5 finden. Zu den Eltern war der Kontakt nicht so gut. Viele der jetzt Erwachsenen beklagen sich über zu strenge Eltern, die nur ihre eigene Meinung für richtig hielten und nicht bereit waren, mit den Jugendlichen zu diskutieren. Es gab auch viele Tabu-Themen, vor allem Liebe und Sexualität. Die Eltern sprachen zum Beispiel nicht
10 darüber, wie man eine Schwangerschaft verhüten[1] könnte. Sie verboten ihren Kindern sogar, die Freundin oder den Freund mit nach Hause zu bringen, weil sie Angst hatten, die Töchter könnten ein Kind bekommen, oder die Söhne könnten ein Kind zeugen. Deshalb traf man sich meistens heimlich mit den Freunden. Einige
15 Interview-Partner erinnern sich daran, daß man früher nicht einmal Bücher über Sex lesen durfte. Auch in der Schule vermied man das Gespräch darüber.

Leistung war in den siebziger Jahren noch nicht so wichtig wie heute. Deshalb waren auch der Leistungsdruck und der Kampf um
20 die besten Noten nicht so stark. Man wollte miteinander Erfolg haben und half seinen Freunden auch in der Schule. Am Konkurrenzkampf sind früher nur wenige Freundschaften zerbrochen.

[1] eine Schwangerschaft verhüten: aufpassen, daß man kein Kind bekommt

a) Wie war es früher? Wie ist es heute bei euch? Macht eine Tabelle im Heft und notiert Stichwörter.

Thema	früher	heute

b) Schreib einen zusammenhängenden Text aus den Stichwörtern.

GR1 Verben mit Präposition

Viele der jetzt Erwachsenen beklagen sich über zu strenge Eltern.	Präposition mit Akkusativ
Deshalb traf man sich meistens heimlich mit den Freunden.	Präposition mit Dativ

AB
2-4 →

GR2 *Da(r) + Präposition (Pronominaladverbien)*

Auch in der Schule vermied man das Gespräch **darüber** . **Worüber?** Über Sex.	**darüber** **Worüber?**	} bei Sachen
Viele Jugendliche beklagen sich **über sie** . **Über wen?** Über strenge Eltern.	**über sie** **Über wen?**	} bei Personen

Einige Interview-Partner erinnern sich **daran** , daß man früher nicht einmal Bücher über Sex lesen durfte.

Viele Erwachsene reden **davon** , daß sie früher auch Probleme in der Schule hatten.

A3 *Wovon Jugendliche träumen*

Ich wünsche mir, daß meine Freundin / mein Freund:

mit mir über alles redet.

immer ▭ mir hält.   sich ▭ mich interessiert.

sich ▭ mir trifft.

▭ mich wartet, wenn ich zu spät komme.   oft ▭ mir telefoniert.

sich nicht ▭ mir streitet.   sich ▭ mir unterhält.

sich ▭ mich kümmert.

sich ▭ mich verliebt.

AB 5-7

Tag und Nacht ▭ mich denkt.

GR3 *sich und einander*

Verben mit Akkusativ/Dativ: *sich/einander*		Verben mit Präposition: Präposition + *einander*	
Er begrüßt **sie.** **Sie** begrüßt **ihn.**	**Sie** begrüßen **sich/einander.**	**Er** verliebt sich **in sie.** **Sie** verliebt sich **in ihn.**	**Sie** verlieben sich **ineinander.**
Er hilft **ihr.** **Sie** hilft **ihm.**	**Sie** helfen **sich/einander.**	**Er** spricht **mit ihr.** **Sie** spricht **mit ihm.**	**Sie** sprechen **miteinander.**

A4 *Frage-Kette*

a) Fragt und antwortet wie im Beispiel. Nehmt dazu die Verben im Kasten.

A: Ich wundere mich über meinen Lehrer.
B: Über den wundere ich mich auch / überhaupt nicht. Träumst du manchmal von der Schule?
C: Nein, davon träume ich nie.

b) Schreib fünf Sätze mit den Verben aus a).
Freunde telefonieren oft **mit**einander.
Freunde kümmern sich **um**einander.

sich erinnern	reden	sich wundern	lachen
sich ärgern	warnen		sich interessieren
sich unterhalten	sich freuen		warten
denken	sich beschäftigen		telefonieren
sich kümmern	träumen		diskutieren

AB 8-9

B FREUNDE UND CLIQUE

B1 Jugendliche sprechen über ihre Freunde

Jugendliche aus München antworten auf die Fragen eines Reporters.

Andreas, 17

Für mich ist sehr wichtig, daß meine Freunde die gleichen Interessen haben wie ich. In unserer Schule gibt es eine Theatergruppe, und da bin ich Mitglied, wie alle in meiner Clique. Das ist ziemlich anstrengend, weil wir oft proben müssen. So fehlt uns auch die Zeit, uns mit anderen zu treffen. Aber das ist nicht so schlimm, denn wir verstehen uns gut und können uns über viele Themen unterhalten. Was die meisten anderen Jungen so interessiert — Fußball, Motorräder, Disco — das nervt mich eher. Das ist doch langweilig.

Stefan, 17

Mit Cliquen kann ich nicht soviel anfangen[1]. Ich verstehe mich mit verschiedenen Freunden sehr gut, aber das ist keine echte Clique. Wir haben unterschiedliche Interessen, und das finde ich gut. In vielen Cliquen muß man nämlich immer das machen, was ein oder zwei Leute bestimmen. Und die anderen finden dann immer alles gut und

[1] kann ich nicht soviel anfangen: interessiert mich nicht so sehr

haben nicht den Mut, eine eigene Meinung zu haben.
Mit meiner Basketballmannschaft trainiere ich einmal in der Woche, und nach dem Training gehen wir noch in eine Kneipe[2]. Sonst mache ich Radsport oder Bergsteigen. Mit ein oder zwei Freunden etwas unternehmen, das finde ich besser als mit zehn Leuten. Da kann man sich doch viel besser unterhalten.

[2] Kneipe: Gaststätte, Wirtschaft

Sibylle, 17

Meine Freundin Barbara und ich, wir sind ein unzertrennliches Team. Wann immer es geht, treffen wir uns. Wir passen einfach prima zusammen, hören die gleiche Musik, lesen die gleichen Bücher, tauschen sogar unsere Klamotten aus. Und wenn ich neue Sachen einkaufe, ist Barbara immer dabei und hilft beim Aussuchen. Umgekehrt ist es genauso. Wenn ich ihr sage, daß ein Kleid ganz toll zu ihr paßt, dann kauft sie es. Wir können uns da immer aufeinander verlassen. Oder samstags auf dem Flohmarkt[1]: Da stöbern[2] wir zu zweit in den alten Sachen, probieren Schmuck und suchen interessante Bücher und Schallplatten. Mit anderen Freunden und Freundinnen ist es nicht das gleiche. Das sind mehr oberflächliche Beziehungen, wo man sich nicht alles sagen kann.

[1] Flohmarkt: Markt für gebrauchte Sachen
[2] stöbern: herumsuchen

Karin, 16

Meine Clique ist unheimlich[1] wichtig für mich. Die Leute sind einfach toll. Neben unserer Schule gibt es ein Schülercafé, wo wir uns oft nach dem Unterricht treffen. Da erzählen wir uns erstmal, was im Unterricht so alles passiert ist. Aber auch, was sonst noch so läuft. Klasse finde ich auch, daß wir nicht nur Mädchen sind. Das wäre sicher langweilig. Auch an den Wochenenden machen wir viel zusammen. Wir gehen in die Disco oder ins Kino, manchmal auch zum Sport. Tennis macht uns am meisten Spaß.

[1] unheimlich: hier: sehr

Markus, 16

Ohne meine Clique könnte ich mir meine Freizeit gar nicht vorstellen. Wir halten immer zusammen, egal ob in der Schule oder sonstwo. Wir spielen oft Fußball, aber noch lieber setzen wir uns auf unsere Motorräder und düsen[1] durch die Gegend. Mädchen gibt es bei uns nicht. Das gibt nur Ärger. Die interessieren sich auch nicht für Motorräder. Außerdem gibt es unter Jungen nur Streit, wenn es um Mädchen geht. Dann glauben einige, sie müßten unbedingt angeben. Na ja, und dann ist die ganze Kameradschaft futsch[2].

[1] düsen: schnell fahren
[2] futsch: kaputt, zu Ende

a) Was hast du über die Jugendlichen erfahren? Ordne zu.

1	Stefan trifft sich meistens mit ein, zwei Freunden im Café,	a	weil sie sich nur für Fußball und Motorräder interessieren.
2	Markus meint, daß Cliquen mit Jungen und Mädchen nicht funktionieren,	b	Deshalb verstehen sich alle so gut.
3	In der Clique von Andreas interessieren sich alle für das Theater.	c	denn sie haben sich immer viel zu erzählen.
4	Sibylle und ihre Freundin sind unzertrennlich.	d	weil er oft mit der Theatergruppe proben mu
5	Karin trifft sich oft mit ihrer Clique,	e	Deshalb verbringen sie viel Freizeit zusamm
6	Andreas hat nicht viel Zeit für Freunde, die nicht zur Clique gehören,	f	weil Mädchen andere Interessen haben als Jungen.
7	Sibylle kauft sich nicht gern allein Kleidung.	1 g	weil er nicht gern mit zehn Leuten gleichzeitig redet.
8	Andreas findet seine Klassenkameraden langweilig,	h	Deshalb nimmt sie immer ihre Freundin mit.

b) Welche Fragen hat der Reporter den Jugendlichen gestellt?
   Beispiele: Bist du in einer Clique?
              Was für Hobbys hast du?

c) Welche Fragen würdest du stellen?

d) Mach mit deinen Fragen ein Interview mit einem Mitschüler / einer Mitschülerin. Schreib darüber einen Text wie oben.

e) Korrigiert die Berichte in der Klasse. Lern deinen Bericht auswendig.

> **Lerntip**
> Das **Auswendiglernen** von kurzen Texten hilft dir, wichtige Redemittel zu behalten.

GR4 Kausalsätze: Satzverbindungen mit *denn – weil – da – deshalb – deswegen*

AB
10-13

Ich mag meine Clique.	Die Leute *sind* interessant.	
Ich mag meine Clique,	**denn** die Leute *sind* interessant.	Verb steht an Position II. (s. Lektion 1, GR3)
Ich mag meine Clique,	**weil** / **da** die Leute interessant *sind*.	Verb steht am Ende.
Weil / **Da** die Leute interessant *sind*, mag ich meine Clique.		
Die Leute sind interessant.	**Deshalb** / **Deswegen** *mag* ich meine Clique.	*Deshalb/deswegen* kann vor oder hinter dem Verb stehen.
Die Leute sind interessant.	Ich *mag* **deshalb** / **deswegen** meine Clique.	

B2 *Ein Freund*

Der folgende Hörtext „Ein Freund" ist aus dem Jugendbuch *Die Sache mit Christoph* von Irina Korschunow.

In dem Text erzählt Martin, wie er Christoph kennenlernt, der später sein Freund wird.

a) Hör den Text. Was trifft auf Christoph zu?

Christoph ...

Irina Korschunow stammt aus einer deutsch-russischen Familie.
Sie ist in Stendal geboren und aufgewachsen, hat in Göttingen Germanistik studiert und lebt heute bei München.
Zu ihren zahlreichen Veröffentlichungen gehören auch drei Jugendbücher sowie zahlreiche Kinderbücher.

- ☐ ist neu in Martins Klasse.
- ☐ setzt sich an den Gruppentisch, wo auch Martin sitzt.
- ☐ verhält sich dem Lehrer gegenüber ablehnend.
- ☐ fühlt sich wohl in der neuen Schule.
- ☐ freundet sich mit den Mitschülern an, die an seinem Gruppentisch sitzen.
- ☐ spielt in der Schule Klavier.
- ☐ ist bei seinen Mitschülern nicht besonders beliebt.
- ☐ ist sehr schüchtern.
- ☐ versucht nicht, von sich aus Kontakt zu anderen Schülern aufzunehmen.
- ☐ interessiert sich sehr für klassische Musik.
- ☐ fühlt sich durch den Leistungsdruck in der Schule gestreßt.
- ☐ findet Geld unwichtig.

b) Welcher von den Jungen könnte Christoph sein? Warum?

c) Hör den Text noch einmal und beantworte die drei Fragen in kurzen Sätzen.

1 Warum ist Martin von Anfang an daran interessiert, Christophs Freund zu werden?
2 Was fällt Martin an Christoph auf?
3 In welchen Dingen haben sie den gleichen Geschmack und die gleiche Einstellung?

Sie sind Freunde, bis Christoph, 17 Jahre alt, bei einem Fahrradunfall ums Leben kommt. Hatte er Selbstmord begangen, weil er die Erwachsenenwelt nicht mehr ertragen konnte?

Ihr erfahrt mehr darüber, wenn ihr das Buch lest.

C LIEBE

C1 *Pärchen-Quiz*

Findest du die richtigen Paare?
(Auflösung s. C4)

Melanie

Ich finde Szene-Typen toll. Für mich muß mein Freund modisch aussehen. Außerdem muß er wissen, was in der Musik gerade so aktuell ist. In die Disco gehen und tanzen — das macht mir Spaß. Spät heimkommen und dann am nächsten Tag so richtig lange ausschlafen.

Christiane

Es klingt vielleicht ungewöhnlich, aber ich mache gern Mathe. Komplizierte Aufgaben lösen finde ich interessant. Auch für Technik interessiere ich mich sehr. Meine Stereoanlage habe ich mir selbst gekauft, und sie ist viel besser als die von meinem Freund. Das Aussehen ist nicht so wichtig, aber die Interessen sollten schon zusammenpassen.

Birgit

Ich bin ein Naturtyp. Ich mag Bäume und Blumen, bin gern in der Landschaft, fotografiere und mache lange Spaziergänge. Außerdem lese ich sehr gern. Aber am Wochenende gehe ich auch gern tanzen, am liebsten nach Discomusik. Nur schade, daß das mein Freund nicht so mag.

Marion

Ein Junge muß hübsch sein, am besten mit kurzen Haaren. Er muß dieselben Interessen haben wie ich: gern draußen sein und Sport machen. Disco mag ich nicht so gern. Am liebsten sind mir natürliche Typen in Jeans und Sweatshirt, nicht solche, die immer die modischsten Klamotten tragen.

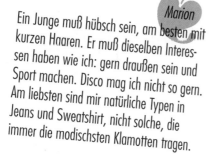

Kevin

Ich finde es toll, wenn sich meine Freundin auch für Dinge interessiert, die mir gefallen. Bei mir sind das naturwissenschaftliche Dinge, aber auch Technik. Die Beschäftigung mit meinem Computer steht bei mir ganz oben. Ich kann keine Freundin gebrauchen, die mich nur immer in die Disco schleppen[1] will.

[1] schleppen: ugs. mitnehmen

Matthias

Am liebsten mag ich Mädchen mit langen blonden Haaren. Zu modische Kleidung gefällt mir nicht. Mit meiner Freundin möchte ich soviel Zeit wie möglich verbringen. Dazu muß sie auch meine Hobbys mögen: viel draußen sein, Segeln und Schwimmen.

Sebastian

Lange Spaziergänge im Wald und romantische Musik – das gefällt mir am besten. Ich muß nicht unbedingt immer weggehen. Ich bleibe auch gern mal zu Hause. Das ist meiner Freundin manchmal zu langweilig, sie will schon mal weg – in die Disco und so. Ich lese und male auch gern, und vor allem bin ich gern mit meiner Freundin zusammen.

Thomas

Bei Mädchen finde ich vor allem lange Haare toll. Und meine Freundin muß denselben Musikgeschmack haben wie ich: Punk und Heavy Metal und so. Aber da gibt's bei meiner Freundin keine Probleme. Wir gehen oft in Konzerte unserer Lieblingsbands – es ist toll, dort andere Fans zu treffen.

a) Was sagen die Jungen und Mädchen über sich und ihre Partnerin / ihren Partner?

Melanie ...	Ihr Freund soll ...
– geht gern aus.	– modisch sein
...	...

b) Welche Pärchen passen zueinander? Warum?

████████ und ████████ passen zusammen, weil ████████ .

c) Auf welche Pärchen trifft das zu? Trag die Namen ein.

1 ████ und ████ finden *dieselbe* Musik gut.
2 ████ und ████ haben *dasselbe* Hobby.
3 ████ und ████ haben *dieselben* Interessen.
4 ████ und ████ mögen *dieselbe* Kleidung.
5 ████ und ████ gefallen *dieselben* Konzerte.
6 ████ und ████ machen *denselben* Sport gern.

	Nominativ	Akkusativ	Dativ
der Sport	derselbe	denselben	demselben
die Frisur	dieselbe	dieselbe	derselben
das Hobby	dasselbe	dasselbe	demselben
die Freunde (Pural)	dieselben	dieselben	denselben

AB 14-15 ➤

35

C2 *Liebe und so weiter*

Ein Reporter hat sich mit Anna (16) und David
(16) aus München unterhalten.

a) Hör das Gespräch. Entscheide, zu wem die
folgenden Aussagen passen. Manchmal treffen
die Aussagen auf beide zu.

	Anna	David
1 Ich bin nicht gut in der Schule.	▪	▪
2 Ich beschäftige mich lieber mit meinen Hobbys als mit der Schule.	▪	▪
3 Ich höre gern Musik.	▪	▪
4 Ich habe kein richtiges Vorbild.	▪	▪
5 Ich hatte schon mal eine Freundin / einen Freund.	▪	▪
6 An der Kleidung kann man erkennen, was für ein Typ jemand ist.	▪	▪
7 Schöne Hände und Haare finde ich erotisch.	▪	▪
8 Leute, die angeben, gefallen mir nicht.	▪	▪
9 Mädchen finden schüchterne Jungen gut.	▪	▪
10 Ich habe noch nie Liebesbriefe geschrieben.	▪	▪
11 Ich möchte nicht älter sein, als ich bin.	▪	▪

b) Hör den Text noch einmal. Was ist richtig? (Es gibt immer nur eine Lösung.)

1 Davids Lieblingsbeschäftigung ist
▪ Gymnastik.
▪ Surfen.
▪ Musik hören.

2 Anna ist mit ihrem Aussehen
▪ immer völlig zufrieden.
▪ meistens nicht ganz zufrieden.
▪ überhaupt nicht zufrieden.

3 Anna und David
▪ waren sehr lange mit einem Jungen/
Mädchen befreundet.
▪ hatten für kurze Zeit einen Freund/eine
Freundin.
▪ haben sich sehr oft mit einem Jungen/
Mädchen getroffen.

4 Anna spricht über persönliche Dinge
▪ mit ihrer Mutter.
▪ mit ihrem Vater.
▪ mit ihren Freundinnen.

5 David findet es wichtig, daß Mädchen
▪ gut aussehen.
▪ Geld haben.
▪ dieselbe Kleidermarke mögen wie er.

6 Anna sagt, daß sie
▪ Jungen, die nur billige Kleidung tragen,
nicht so gut findet.
▪ nur Jungen toll findet, die immer Markenkleidung tragen.
▪ nicht auf die Kleidung der Jungen achtet.

7 David findet es nicht gut, wenn Mädchen
▪ schüchtern sind.
▪ keine eigene Meinung haben.
▪ zuviel reden.

8 Für Anna bedeutet Liebe:
▪ viel gemeinsam unternehmen.
▪ alles für den anderen tun.
▪ lange zusammen sein.

9 David glaubt, daß
▪ Liebe etwas Schönes ist.
▪ Liebe dasselbe ist wie Verliebtsein.
▪ Liebe nie lange hält.

C3 Junge Leute diskutieren über das Thema: Was ist Liebe?

Wie könnten die Aussagen der Jugendlichen weitergehen? Ergänze.

Mein Freund sieht toll aus, und trotzdem …

Liebe heißt auch Kompromisse schließen. Man kann nicht immer nur auf seiner Meinung bestehen, sondern man …

Schönheit ist nicht das Wichtigste. Ich kannte mal ein Mädchen, das sah super aus, hatte aber einen schlechten Charakter. Deshalb …

Ich finde Liebe blöd! Ich bin sehr selbständig und habe keine Lust, mich immer anzupassen. Deshalb … Ich finde …

Ich finde, Liebe ist nicht nur Sex, sondern auch Zärtlichkeit und Toleranz.

Warum verliebt man sich eigentlich? Ich glaube, das Aussehen spielt dabei die wichtigste Rolle – zumindest am Anfang, denn …

Liebe bedeutet, daß man auch gleiche Interessen hat, denn …

Für viele hat Liebe mit Mode zu tun. Für sie ist einfach ein bestimmter Typ „in". Aber ich meine, …

…

Manchmal ist es nicht Liebe, sondern man ist nur in den andern verliebt. Das ist ein großer Unterschied, denn …

C4 Mein Freund / meine Freundin

Was ist für dich bei einem Freund / einer Freundin wichtig?
Welche Eigenschaften sollte er/sie haben?
Schreib einen Text.

Quiz-Auflösung

Melanie und Thomas
Birgit und Sebastian
Marion und Matthias
Christiane und Kevin

D GESETZE DER CLIQUE

a) Bist du in einer Clique? Gibt es dort Regeln? Berichte darüber in der Klasse.

b) Schreibt zu zweit mit Hilfe der Wortkarten einen Text.
   Alle Wörter sollen in dem Text vorkommen.

Jugendlicher	Clique	Motorrad	dazugehören
akzeptieren	Mitglieder	zusammenhalten	sich gut verstehen

Erzählt eure Geschichten in der Klasse.

c) Lies den Text „Die Clique". Er ist nicht einfach, aber du brauchst nicht jedes Wort zu verstehen.

d) Was hast du verstanden? Ordne die Aussagen den passenden Textstellen zu.

   1 Erst mit dem eigenen Motorrad ist Pit ein richtiges Mitglied der Clique.
   2 Pits Motorrad ist nicht neu, aber er kann ziemlich schnell damit fahren.
   3 Die Leute haben Angst vor den Jugendlichen der Clique.
   4 Man muß Mut haben, wenn man in der Clique bleiben will.
   5 Pit will so gut Motorrad fahren können wie die anderen, damit er von ihnen akzeptiert wird.
   6 Pit fühlt sich in der Clique stark.
   7 Die Eltern beachten Pit kaum.

   Wenn du die Aufgabe gelöst hast, hast du den Text im wesentlichen verstanden.

e) Was machen die Jugendlichen in Pits Clique, wenn sie zusammen sind?
   Warum ist es für Pit so wichtig, zur Clique zu gehören?

f) Diskussion
   Bildet zwei Gruppen (A + B). Gruppe A ist gegen Pits Clique, Gruppe B ist dafür.
   Sammelt in den Gruppen Argumente und diskutiert in der Klasse.

Die Clique

Der Text ist aus dem Jugendbuch *Der Anfang vom Ende* von Wolfgang Gabel.

Das Buch handelt von dem 18jährigen Pit, von seinen Problemen mit den Eltern und überhaupt mit den Erwachsenen. Er schließt sich einer Clique an …

In dem folgenden Textausschnitt erzählt Pit von seiner Clique, und welche Rolle sie für ihn spielt.

RTB Jeans   Ihre Devise ist: Mitmachen und stärker sein, härter, brutaler. Pit ist Rocker. Dann lernt er Gabi kennen. Gabi mag keine Rocker, aber sie mag Pit.

Wolfgang Gabel

Der Anfang vom Ende

Wolfgang Gabel wurde 1942 geboren. Er schrieb viele erfolgreiche Bücher und erhielt zahlreiche Auszeichnungen.

Ich bin Lehrling im dritten Lehrjahr. Vorgestern bin ich noch zu Fuß zu meiner Arbeitsstelle gegangen. Aber seit gestern habe ich die Maschine; ich habe sie von Bernd ge-
5 kauft, der sich eine neue Zweihundertfünfziger zugelegt hat. Meine Maschine hat nur fünfundsiebzig Kubik; aber sie fährt über hundert und ist bestimmt nicht die schlechteste Maschine in unserer Gruppe.
10 Zickes Mühle macht nur knapp neunzig, die von Kalli vielleicht hundert, wenn's bergab geht.
Die andern drei, Ede, Bud und Freddi können sich schwerere Maschinen leisten. Wir hatten
15 uns gestern abend wie immer am Kiosk getroffen.
Und dann habe ich das erste Mal richtig dazugehört, bin ich nicht nur der Beifahrer gewesen, da habe ich mich auf meine eigene Maschine ge-
20 worfen und bin den anderen hinterhergefegt. Ede fuhr wie immer voraus. Es machte Spaß, über die Bürgersteige zu fahren, die erschreckten Gesichter der Passanten zu sehen, die nicht einmal wagten[1], uns zu drohen …
25 Ich muß lernen, mit der Maschine fertig zu werden, damit sie mich in der Gruppe nicht fertigmachen. Memmen[2] wollen die nicht. Den Koks haben sie auch rausgeworfen, weil er immer Angst hatte, sich mal richtig in die
30 Kurve zu legen, mal richtig aufzudrehen, mal richtig zuzuschlagen, wenn sonst nichts los war.
Deshalb trainiere ich hier. Ich habe mir sogar einen Sprunghügel aus Sand gebaut, um zu ler-
35 nen, wie man Bordsteinkanten überspringen kann.
Jetzt überlege ich, wie ich es meinem Alten beibringen kann, daß ich die Maschine gekauft habe.

40 Gestern abend hatte ich sie vor der Haustür abgestellt. Aber er hat sie überhaupt nicht gesehen.
Auch mich bemerkt er nie.
Manchmal glaube ich, er kennt mich nicht ein-
45 mal mehr. So wie er meine Mutter kaum noch kennt.
Und überhaupt kotzt[3] mich zu Hause sowieso alles an.
Was soll ich dort überhaupt noch?
50 Und was ich aus mir machen werde? Ich werde zusammen mit Ede ein bißchen Schwung in unseren Haufen bringen; ich werde sicher auf meiner Maschine sein, ich werde lernen, immer ein bißchen früher zuzuschlagen als der andere.
55 Früher, als ich noch in der Schule war, hat mein Vater ja auch gesagt, ich solle mich wehren.
Als sie mich dort noch ausgelacht haben, weil sie meinen Namen nicht aussprechen
60 konnten …
Aber damals konnte ich mich noch nicht wehren. Damals hatte ich noch keine Freunde.
Jetzt habe ich Freunde, auf die ich mich verlassen kann. Jeder kann sich auf den anderen ver-
65 lassen. Das ist unser Gesetz: wir gehören zusammen. Alles gehört uns allen, nur die Maschinen nicht. Aber sonst alles: Geld, Mädchen, alles eben. Und die anderen wissen das. Die kennen uns. Die wissen ganz genau,
70 daß sie keinen von uns anfassen dürfen, sonst bekommen sie es mit uns allen zu tun.
Zu meinen Eltern gehöre ich nicht mehr.
Bei denen wohne ich nur. Für die bin ich Luft.

[1] wagen: den Mut haben, etwas zu tun
[2] die Memme: ugs.: Feigling; jemand, der meistens Angst hat
[3] das kotzt mich an: ugs.: ich hab' genug davon

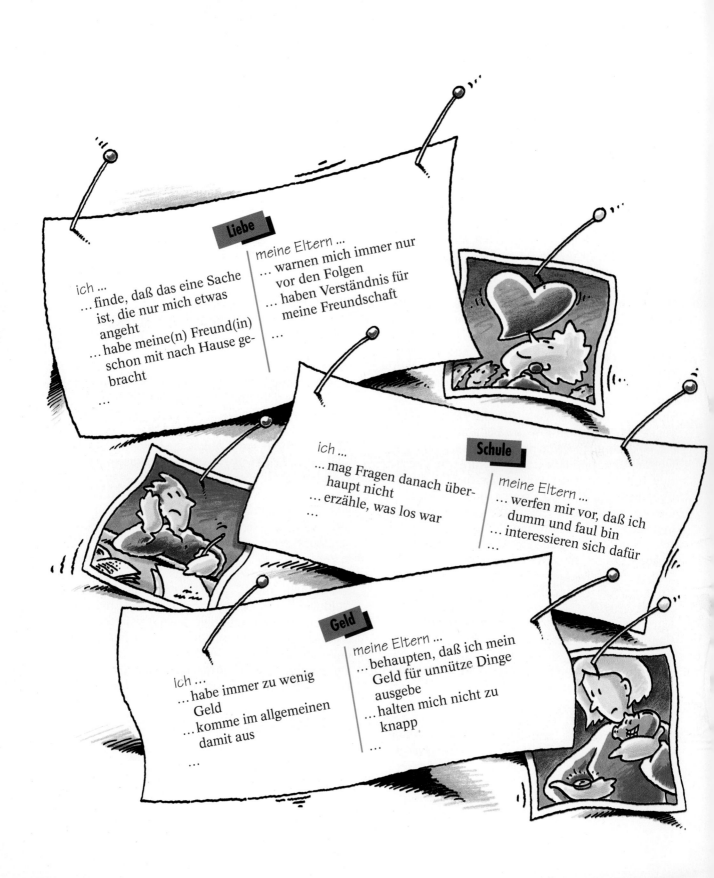

FAMILIE

A KINDER, ELTERN, GESCHWISTER

Wie verhaltet ihr euch, wie verhalten sich eure Eltern? Erzählt.

Praktische Aufgaben in der Familie

ich ...
... helfe überhaupt nicht zu Hause
... halte meine Sachen in Ordnung und mache mit bei der Hausarbeit
...

meine Eltern ...
... werfen mir vor, daß ich mich nur bedienen lasse
... verlangen nicht zuviel von mir
...

Freizeit

ich ...
... meine, daß ich nicht ständig erklären muß, was ich mache
... sage, was ich mache und wo ich hingehe
...

meine Eltern ...
... werfen mir vor, daß ich dauernd unterwegs bin und sie nie Bescheid wissen, was ich tue
... finden meist gut, was ich mache
...

Freunde

ich ...
... erzähle nie etwas von ihnen
... bringe sie mit nach Hause
...

meine Eltern ...
... sagen: „Diese Typen sind unmöglich."
... sind damit einverstanden, daß ich sie mit nach Hause bringe
...

AB
1

A1 Was nervt euch an eurer Familie?
Oder auch nicht?

Bernd, der Vater

Tobias, 18, Schüler

Isabell Maria, 16, in der Ausbildung

Roswitha, die Mutter

Familie Kurth aus Wiesbaden

a) Was kritisieren Kinder und Eltern aneinander?
Was finden sie gut? Markiere die entsprechenden Stellen in den Texten.

Isabell

„Ich bin tolerant erzogen und sehr verwöhnt worden. Mein Vater hat mich zum Beispiel immer abgeholt, wenn ich ausgegangen bin. Oder ich durfte mit dem Taxi nach Hause fahren. Aber bei Freunden durfte ich nur selten über Nacht bleiben. Da konnten sie mich ja nicht kontrollieren. Aber das hat mir nicht so viel ausgemacht. Meine Freunde durfte ich mir selber aussuchen. Doch seit ich etwas ‚punkig‘ drauf bin – seit 1½ Jahren etwa –, gibt es oft mal Streit. Vor allem meine Mutter kritisiert meinen Umgang. Sie meint, ich habe mich in meiner Art verändert. Sie meint hauptsächlich mein Äußeres. Weil ich nicht mehr so ordentlich und ‚geschäftstochtermäßig‘ herumlaufe. Ich finde, meine Eltern – besonders meine Mutter – sollten toleranter auf mich und meine Freunde reagieren. Positiv ist, daß sie unsere Intimsphäre wahren. Das heißt, sie öffnen keine Post und gehen auch nicht in unsere Zimmer, um ‚herumzuschnüffeln‘. Sie sagen nur immer, ich soll mein Zimmer aufräumen – ‚echt ätzend‘. Überhaupt regt mich ihr Ordnungs-Fimmel[1] auf. Es nervt mich auch, daß ich immer kämpfen muß, um etwas zu erreichen. Ich möchte nach meiner Kürschnerausbildung[2] gerne Design studieren. Bis jetzt sind sie der Meinung, das ist eine brotlose Kunst. Das bedeutet also: wieder kämpfen.“

[1] Ordnungs-Fimmel: übertriebene Ordnungsliebe
[2] Kürschner: Handwerker, der Pelzbekleidung herstellt

Tobias

„Meine Mutter ist ungerecht zu mir. Wenn zum Beispiel im Haushalt etwas zu tun ist, muß ich immer mehr machen als meine Schwester. Das find‘ ich unerträglich! Schlimm finde ich auch an meiner Mutter, daß sie sich über vieles sehr schnell aufregt. Vor allem, wenn ich Sachen nicht gleich wegräume.
Ich finde gut an meinen Eltern, daß sie versuchen, alles für mich zu erreichen. Zum Beispiel haben sie mir einen Ferienjob gesucht. Nach einem stressigen Tag flippt mein Vater manchmal aus, und ich rege mich fürchterlich auf. Aber meine Kinder würde ich wahrscheinlich ähnlich erziehen. Meine Eltern sagen immer, daß sie mich besser kennen und verstehen als ich mich selbst. Das kann ich nicht so sagen. Das ist der Generationsunterschied. Wir haben heute andere Interessen und Möglichkeiten als meine Eltern früher. Für sie ist es schwierig, umzudenken und sich in uns hineinzuversetzen.“

Roswitha

„Im Moment kann ich mehr Negatives als Positives über meine Kinder sagen. Es ist die ganze Einstellung, die die Kinder haben – dieses Egal-Gefühl. Sie glauben, es fällt ihnen alles zu.[3] Tobias zum Beispiel ist absolut faul in der Schule. Ich sehe nicht ein, warum wir uns immer kaputtmachen müssen, und die Kinder tun von alleine überhaupt nichts. Später wird für sie ja auch niemand da sein, der ständig hinter ihnen steht und sie antreibt.

Die Schlampigkeit, Nachlässigkeit und ihr Egoismus – vor allem Isabells – regen mich immer wieder auf. Ihre Zimmer rühre ich nicht an. Aber in unseren Gemeinschaftsräumen will ich nicht immer hinterhersein müssen und alles wegräumen. Da haben wir uns immer wieder in der ‚Wolle'.

[3] es fällt ihnen alles zu: sie bekommen alles, ohne sich anstrengen zu müssen

Aber wirklich gut finde ich, daß meine Kinder sehr ehrlich sind. Lieb können sie auch sein – wenn sie wollen."

Bernd

„Unordentlichkeit und Unpünktlichkeit: Das sind Seiten an meinen Kindern, die ich sehr negativ finde. Die Aufmachung meiner Tochter Isabell finde ich gut und toleriere sie. Aber für sie selber hat es nur Nachteile. Denn wenn sie im Leben vorwärtskommen will, muß sie sich mit ihrem Outfit zurückhalten. Es sei denn, sie ist ganz oben – dann kann sie alles machen.

Meine Kinder sind an allem interessiert. Sie sind sehr stolz und überhaupt nicht nachtragend. Auch wenn es mal Streit gibt. Das finde ich toll an ihnen."

b) Ordne den Personen die passenden Begriffe aus dem Kasten zu. Du kannst einzelne Begriffe auch mehrmals verwenden.

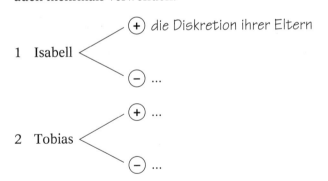

1 Isabell
(+) die Diskretion ihrer Eltern
(−) ...

2 Tobias
(+) ...
(−) ...

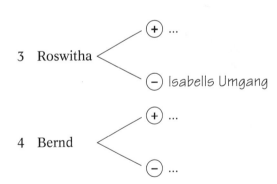

3 Roswitha
(+) ...
(−) Isabells Umgang

4 Bernd
(+) ...
(−) ...

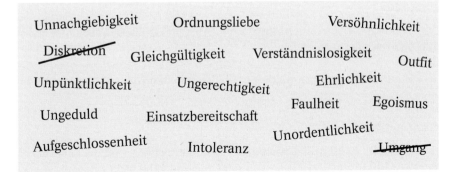

Unnachgiebigkeit   Ordnungsliebe   Versöhnlichkeit
~~Diskretion~~   Gleichgültigkeit   Verständnislosigkeit   Outfit
Unpünktlichkeit   Ungerechtigkeit   Ehrlichkeit
Ungeduld   Einsatzbereitschaft   Faulheit   Egoismus
Aufgeschlossenheit   Intoleranz   Unordentlichkeit   ~~Umgang~~

AB
2

GR1 Konjunktiv II (Gegenwart)

AB
3-5

> Ich finde, meine Eltern sollten toleranter auf mich und meine Freunde reagieren. Wenn sie weniger Vorurteile hätten, würde ich vielleicht auch versuchen, etwas ordentlicher zu sein. Dann käme ich wohl auch besser mit ihnen aus.

> Wenn meine Mutter bloß nicht so ungerecht wäre!

a) Formen

| | TYP A | TYP B | | |
	bei den meisten Verben: würde + Infinitiv	Hilfsverben	Modalverben	einige unregelmäßige Verben
ich	würde reagieren	hätte wäre	könnte sollte	käme
du	würdest reagieren	hättest wärest	könntest solltest	kämest
er sie es	würde reagieren	hätte wäre	könnte sollte	käme
wir	würden reagieren	hätten wären	könnten sollten	kämen
ihr	würdet reagieren	hättet wäret	könntet solltet	kämet
sie Sie	würden reagieren	hätten wären	könnten sollten	kämen
				außerdem: gäbe, hielte, ginge ließe, wüßte

b) Gebrauch

1. Höfliche Redeweise

   Ich hätte gern ein neues Fahrrad.
   Du solltest mehr für die Schule tun.
   An deiner Stelle würde ich das auch tun.

2. Irrealer Bedingungssatz

   Wenn meine Eltern weniger Vorurteile **hätten**, (dann) **würde** ich auch **versuchen**, etwas ordentlicher zu sein.
   Dann **käme** ich wohl auch **besser** mit meinen Eltern aus.

   Aber so ist es in Wirklichkeit:
   Aber meine Eltern **haben** nun mal diese Vorurteile. Deshalb **versuche** ich auch gar nicht, ordentlicher zu sein.
   Jetzt **komme** ich nicht besonders gut mit ihnen **aus**.

3. Irrealer Wunschsatz mit *bloß, doch, nur* und *!*.

   Wenn die Leute **bloß** nicht so kleinlich **wären**!
   Wären sie **doch** etwas toleranter!

   In Wirklichkeit **sind** die Leute aber kleinlich.
   Sie **sind** auch nicht tolerant.

A2 (Un)ordnung

a) Beschreibe die Bilder.

ordentlich

unordentlich

zu unordentlich

b) Wie ist es bei dir? Wie würden deine Eltern reagieren?

Beispiel: _Wenn meine Schulbücher auf dem_
Boden liegen würden, ...

c) Was versteht ihr unter „Ordnung"? Wann haltet ihr Ordnung für notwendig, wann für unerträglich? Diskutiert darüber in der Klasse.

dann würden sie sicher schimpfen

dann würden sie sich sicher aufregen

würde sie das nicht stören

würde ihnen das nichts ausmachen

A3 *„Euch geht's zu gut!"*

a) Beschreibe die einzelnen Bilder und erzähle, was passiert. Die Redemittel im Kasten helfen dir dabei.

Berge von Geschirr
sauber
schmutzig
Geschirr spülen
abwaschen
das Spülbecken
sich verlassen auf (Akk)
sich einmischen in (Akk)
Vorschriften machen (Dat)
vorschreiben (Dat), wie …
selbständig arbeiten lassen
die Verantwortung über-
nehmen für (Akk)

b) Was würdest du der Mutter und den Kindern raten?

Meiner Meinung nach sollte(n) …
An ihrer Stelle würde ich …
Es wäre gut, wenn …

A4 *Geschwister*

Sie haben dieselben Eltern, aber oft genug gibt es Streit.

Der Frankfurter Psychologe und Pädagoge Dr. Siegfried Kluge sagt dazu:

Mütter und Väter sollten nicht erwarten, daß ihre Kinder von Anfang an Freunde sind. Schließlich haben sich Geschwister ja nicht gesucht und gefunden. Sie erben zwar von ihren Eltern etwa 50 Prozent gleiche Gene, doch dies ist kein Grund, sich zu lieben.
Besonders, wenn ihr Altersunterschied gering ist, kommt es häufig zu Streitereien, denn je vergleichbarer sie sind, desto stärker empfinden sie sich gegenseitig als Konkurrenten.
Aber andererseits bereiten die kleinen Streitereien unter Brüdern und Schwestern auf das Leben in der Gesellschaft vor, denn beim Streiten lernen Kinder ihre Grenzen kennen, sie lernen, Kompromisse zu suchen und sich wieder zu versöhnen.
Deshalb haben es diejenigen, die zu Hause streiten lernen, leichter im Leben, schon im Kindergarten, aber auch später in der Partnerschaft oder im Beruf.

a) Welche der folgenden Aussagen sind richtig (r), welche falsch (f)? Korrigiere die falschen Aussagen.

◻ Man kann nicht erwarten, daß Geschwister ein gutes Verhältnis zueinander haben.

◻ Der Psychologe findet es ganz normal, daß Geschwister sich nicht immer vertragen.

◻ Oft haben Geschwister Streit, weil sie ganz verschieden sind.

◻ Geschwister streiten nicht so oft miteinander, wenn sie fast gleich alt sind.

◻ Der Psychologe hält Streiten für positiv, weil Kinder auf diese Weise lernen, nachzugeben und sich wieder mit den anderen zu vertragen.

◻ Wer als Kind viel gestritten hat, will sich auch später als Erwachsener immer mit anderen streiten.

b) Was sagen die Jugendlichen wohl über ihre Geschwister? Nimm die Ausdrücke im Kasten.

Anna (14) und ihre Schwester Sabrina (16) verstehen sich gut.

> Sabrina gibt mir Ratschläge, wenn ich Probleme habe.

> Schon als Kinder haben wir alles zusammen gemacht.

Tobias (14) und seine Schwester Michaela (16) vertragen sich nicht besonders gut.

> Meine Schwester weiß alles besser! Sie sagt mir immer, was ich tun soll!

> Er macht nie, was ich ihm sage!

über alle Probleme sprechen können ■ jdm. bei den Hausaufgaben helfen ■ jdm. seine/ihre Sachen kaputtmachen ■ in derselben Clique sein ■ seine/ihre Freunde/Freundinnen kritisieren ■ ~~alles besser wissen~~ ■ in seinem/ihrem Zimmer herumschnüffeln ■ ~~alles zusammen machen~~ ■ der beste Freund / die beste Freundin sein ■ auf jdn. aufpassen müssen ■ sich gegenseitig Kleider ausleihen ■ stundenlang im Badezimmer sein und sich schön machen ■ jdn. wie ein kleines Kind behandeln ■ ~~jdm. Ratschläge geben~~ ■ ~~nie tun, was man ihm/ihr sagt~~ ■ sich selten/oft streiten

c) Warum gibt es eurer Meinung nach häufig Streit zwischen Geschwistern?
Wählt eine der drei Situationen aus und schreibt in Partnerarbeit einen Dialog zwi- schen den streitenden Geschwistern. Die Redemittel im Kasten helfen euch dabei. Spielt die Dialoge in der Klasse. (Ihr könnt auch eigene Situationen erfinden.)

Seit einer Stunde ...!	Aber ich muß(te) doch ...!
Jetzt ... doch endlich ...!	Ich wollte wirklich nur ...!
Du hast schon wieder (nicht) ...!	Ich dachte (wirklich), ...!
Immer muß/soll ich ...!	
	Das wollte ich echt nicht!

(Das) stimmt überhaupt nicht!
Du bist wirklich gemein!
Laß mich in Ruhe!
Du Esel (Kuh, Kamel)!
Könntest du vielleicht ...!?

GR2 Verben mit **Dativ** und **Akkusativ**

					Wortstellung
Sabrina	leiht	Anna	ihre neuen Rollschuhe	nicht.	Dativ vor
Michaela	hat	ihrem Bruder	schon wieder den Kassettenrecorder	weggenommen.	Akkusativ
Sabrina	leiht	ihr	ihre neuen Rollschuhe	nicht.	
Michaela	hat	ihm	schon wieder den Kassettenrecorder	weggenommen.	Pronomen
Sabrina	leiht	sie	Anna	nicht.	vor Nomen
Michaela	hat	ihn	ihrem Bruder schon wieder	weggenommen.	
Sabrina	leiht	sie	ihr	nicht.	Akkusativ
Michaela	hat	ihn	ihm schon wieder	weggenommen.	vor Dativ

Häufige Verben mit Dativ und Akkusativ

anbieten	leihen
beantworten	nehmen/wegnehmen
bringen	schenken
geben/aufgeben	schicken
holen	schreiben
kaputtmachen	senden
kaufen	zeigen

Michaela hat ihrem Bruder schon wieder den Kassettenrecorder weggenommen.

Bei diesen Verben ist der „Akkusativ" oft ein Satz:

befehlen	sagen
empfehlen	verbieten
erklären	versprechen
erlauben	vorschlagen
erzählen	vorwerfen
mitteilen	wünschen
raten	

Der Psychologe empfiehlt uns **eine Therapie**.
Er empfiehlt uns, daß wir **eine Therapie machen**.
Er empfiehlt uns, **eine Therapie zu machen**.

A5 *Mach aus dem Nebensatz ein Akkusativ-Objekt.*

Beispiel: Mein Vater hat mir verboten, in die Disco zu gehen. –> Mein Vater hat mir die Disco verboten.

1 Guido hat seiner Freundin versprochen, ihr ein schönes Geschenk zu kaufen.
2 Meine Eltern werfen mir immer vor, daß ich schlechte Noten in Mathe habe.
3 Kannst du mir sagen, wie das englische Wort für „Schüleraustausch" heißt?
4 Soll ich dir erklären, wie man dieses Spiel spielt?
5 Er hat vorgeschlagen, eine Radtour durch Thüringen zu machen.

A6 Spielt zu zweit „Vier gewinnt"!

Wer einen sinnvollen Satz machen kann, belegt die verwendeten Felder mit Papierschnitzeln. Der andere Spieler streicht die benutzten Felder durch. Wer eine Viererreihe gebildet hat, be- kommt einen Punkt. Wer als erster zwei Punkte hat, hat gewonnen. Ein Redemittel darf höchstens viermal verwendet werden.

Schenk … doch …!	Der Mathelehrer hat … wieder mal … aufgegeben.
Ich könnte … … schicken.	Bringt … doch … mit!
Hol … mal bitte …!	Ich schlage … … vor.
Er hat … … erzählt.	Wir zeigen … gleich … .
Ihr solltet … endlich … zurückgeben!	Ich kann … … empfehlen.
Ich würde … gern … kaufen.	Er hat … … kaputtgemacht.

Beispiel:
Er hat seinem älteren Bruder das neue Motorrad kaputtgemacht.

die Groß-mutter	eine Gute-Nacht-Geschichte	der Gast	neue Zeitschriften	das Kind	schwere Übungen	die Freunde
eine nette Geburtstags-karte	die Ge-schwister	Ferien-fotos	die Eltern	eine Kompromiß-Lösung	die Mannschaft	~~das neue Motorrad~~
der Lehrer	diese Spezialität	die Gruppe	neue Computer-spiele	das Mädchen	wichtige Infor-mationen	die Clique
die teure Marken-kleidung	die Gast-familie	ein gemütliches Café	die Mitschüler	viele Haus-aufgaben	die Mutter	die Laut-sprecher-boxen
der Austausch-schüler	ein Ausflug in die Berge	~~der ältere Bruder~~	ein guter Witz	die Erwachsenen	ein guter Film	die Zwillinge
das Radio	die Klasse	der Computer	der Partner	die CD	der Jugend-liche	ein Buch

AB
6-8

Beim mündlichen Erzählen benutzt man gewöhnlich das **Perfekt**. Die Hilfs- und Modalverben stehen aber im Präteritum.

B OMA

B1 *Die Sache mit dem Brief*

Der folgende Textausschnitt ist aus dem Jugendbuch *OMA* von Peter Härtling.

Das Buch erzählt von Kalle, der mit fünf Jahren
seine Eltern bei einem Autounfall verliert. Seine
Oma nimmt ihn zu sich.
Aber es ist alles ganz anders, als es früher bei
Vater und Mutter war. Oma ist alt und ein
bißchen merkwürdig, aber prima ist sie doch!

Peter Härtling, 1933
in Chemnitz geboren,
lebt jetzt als freier
Schriftsteller in Nürtin-
gen. In seinen Gedich-
ten, Erzählungen und
Romanen beschreibt er
einfühlsam Szenen und
Probleme von Kindern
und Erwachsenen.

AB
9 →

Kalle war in der dritten Klasse. In der
Schule klappte es nicht ganz. Die Oma
half ihm bei den Aufgaben, aber manchmal konnte sie nicht mehr und erklärte: Das
5 dumme Zeug macht mir Kopfweh. Warum
müßt ihr nur so viel lernen?
Kalle fand das auch. Er beschloß, der Oma
weniger Aufgaben aufzugeben, sich selber
natürlich auch, und machte wenigstens die
10 Hälfte der Aufgaben nicht. Seine Lehrerin,
Frau Riemer, nahm das eine Weile hin. Sie
schimpfte nur ein bißchen. Nach drei Wochen
gab sie ihm einen Brief an Oma mit. Den warf
er in einen Gully[1]. Am Abend hatte er aber ein
15 so schlechtes Gewissen, daß er zur Oma sagte:
Du, ich habe heute den Brief von Frau Riemer
an dich weggeschmissen.
Weißt du, was im Brief drinstand? fragte Oma.
Nein, sagte Kalle.
20 Dann frag morgen die Frau Riemer, befahl die
Oma.
Kalle bekam Angst und weinte.
Ich werde morgen hingehen, sagte Oma.
Kalle sagte: Morgen ist keine Sprechstunde.
25 Das ist mir wurscht[2], sagte Oma. Schließlich
muß ich wissen, was mir geschrieben worden
ist.
Die Oma kam mitten im Unterricht. Die Tür
ging auf, und Oma stand in der Klasse. Kalle
30 rutschte vor Scham fast unter die Bank. Seine
Kameraden kicherten. Aber die Oma blieb
ernst. Und Frau Riemer war verdutzt[3]. Sie fragte die Oma, was sie denn so überraschend her-
führe.

Der Brief, sagte Oma. 35
Nicht wahr, das ist schlimm, sagte Frau Riemer.
Ich habe den Brief nicht gelesen, sagte Oma.
Wie können Sie dann wegen dem Brief kom-
men, wenn Sie ihn nicht gelesen haben? Frau
Riemer wunderte sich. 40
Weil er nicht mehr da ist.
Hat Ihnen der Kalle den Brief nicht gebracht?
Er ist einfach weg. Irgendwo verschwunden.
Ich habe ihn verlegt, sagte die Oma. Und Kalle
hatte sie gern. 45
Frau Riemer ging mit Oma aus der Klasse und
kam nach ein paar Minuten wieder. Sie strich
Kalle über den Kopf. Es wird schon wieder gut,
sagte sie.

[1] Gully: Abfluß für das Regenwasser auf der Straße
[2] Das ist mir wurscht.: Das ist mir egal.
[3] verdutzt: überrascht, verwirrt

a) In der Pause wollen Kalles Mitschüler
natürlich wissen, was passiert ist. Du bist
Kalle und gibst Antwort auf die Fragen:

Warum ist deine Oma denn mitten im Unterricht in unsere Klasse gekommen?
Wie hat deine Oma herausgekriegt, was du
mit dem Brief gemacht hast?
Was hat Frau Riemer eigentlich in dem Brief
geschrieben?
Hat dir niemand bei den Hausaufgaben geholfen?

b) Warum findet Kalle seine Oma prima? Erkläre es mit deinen eigenen Worten.

B2 **Besuch der Fürsorgerin**

a) Informiere dich mit Hilfe des Lexikoneintrags „Jugendhilfe" über die Begriffe *Jugendamt* und *Sozialpädagoge*. Wie heißen diese Begriffe in deiner Muttersprache? Gibt es so etwas oder so etwas Ähnliches in deinem Land? Berichte darüber.

b) Lies nun die Fortsetzung des Textes.

Vielleicht brachte die Sache mit dem Brief die Fürsorgerin ins Haus. Es konnte sein, daß das Jugendamt von der Schule verständigt worden war, denn der Direktor und
5 die Klassenlehrerin wußten, daß Kalle als Vollwaise auch unter der Obhut[1] des Jugendamtes stand. Vielleicht hatte das Jugendamt auch überhaupt einmal prüfen wollen, wie der Kalle Hausaufgaben macht, ob er einen ruhigen
10 Arbeitsplatz hat, und ob ihm die Oma, wenn es darauf ankommt, helfen kann.
Jedenfalls kam die Fürsorgerin. Sie war sehr hübsch anzusehen und hatte dicke grüne Schatten über den Augen. Sie gefiel Kalle. Oma
15 gefiel sie nicht. Oma hätte sie am liebsten aus dem Fenster geschmissen. Die Fürsorgerin saß am Tisch in der Wohnküche, die Oma stand vor ihr.
Sie fragte ungeheuer viel. Warum Kalle nach
20 dem Tod seiner Eltern von Oma aufgenommen worden war, ob es noch jüngere Verwandte gäbe, ob Oma ansteckende Krankheiten gehabt habe, ob sie oft zum Arzt gehen müsse, ob Kalle Schwierigkeiten mit dem Lesen habe, ob
25 Kalle ein eigenes Zimmer habe.
Und die Oma führte sie durch die Wohnung, mit dem falschen Gebiß knirschend[2]; zeigte Kalles Bett, sagte: Das ist schön weich und schön sauber. Hob am Herd den Deckel vom
30 Topf und sagte: Ordentlich zu essen bekommt der Junge auch.
Das Fräulein nickte zu allem.
Oma konnte ihre Wut nicht mehr halten. Sie schob die junge Frau wieder zum Stuhl, drückte
35 sie nieder, ließ ihre Hände auf den Schultern der Fürsorgerin und sagte ganz leise: So, Fräuleinchen, was wollen Sie nun eigentlich? Bin ich eine Hexe aus dem Märchen? Bin ich ein Depp? Kann ich mich nicht mehr regen? Habe
40 ich den Nachbarn meinen nackten Hintern gezeigt? Hat der Kalle geklaut[3]? Oder was?

Das Fräulein versuchte zu lächeln, was ihm nur schwer gelang, und erwiderte ebenso leise: Das alles nicht. Nur ist die Schule auf Kalle aufmerksam geworden, Frau Bittel, weil er seine
45 Aufgaben nicht ordentlich macht. Da meinten wir ...
Was meinten Sie? fragte Oma drohend.
Nun ja, daß die Verhältnisse ...
Was für Verhältnisse?
50 Ja, diese hier, Ihre.
Jetzt schrie Oma: Ich habe keine Verhältnisse. Schon lange nicht mehr. Was unterstehen Sie sich?
Das Fräulein war derart eingeschüchtert, daß es
55 nicht mehr über Verhältnisse redete, sondern meinte, sie finde alles in Ordnung, nur wolle sie alle zwei Monate zu Besuch kommen und wenn es notwendig sei, auch helfen. Die Oma wurde wieder freundlicher, sagte aber noch:
60 Geholfen hat mir bisher niemand, Fräuleinchen, und jetzt ist es schon zu spät. Der Kalle ist aus dem Gröbsten heraus.
Da sagte das Fräulein etwas, was Kalle entsetzte: Es könnte Ihnen ja mal etwas zustoßen[4].
65 Oder Sie könnten so krank werden, daß Sie ins Spital[5] müssen. Was geschieht dann mit dem Kind?
Die Oma schob das Fräulein aus der Tür und antwortete: Das gibt's nicht.
70 Dieses „Das gibt's nicht" wiederholte sich Kalle immer, wenn er sich ausmalte, Oma könne mit dem Krankenauto weggebracht werden oder womöglich sterben. Das gibt's nicht!

[1] Obhut: Schutz, Aufsicht
[2] mit dem falschen Gebiß knirschend: sie macht ein Geräusch mit den falschen Zähnen
[3] geklaut: gestohlen
[4] zustoßen: passieren
[5] Spital: Krankenhaus

c) Welche Aussagen sind richtig (r), welche falsch (f)? Gib bei den richtigen Aussagen die Zeile(n) an.

▨ Möglicherweise hatte Kalles Schule dem Jugendamt mitgeteilt, daß Kalles Hausaufgaben nicht immer ordentlich gemacht waren.

▨ Das Jugendamt hat das Recht zu untersuchen, ob ein Kind zu Hause die notwendigen Voraussetzungen hat, um für die Schule lernen zu können.

▨ Die Dame vom Jugendamt war geschminkt.

▨ Die Fürsorgerin wollte wissen, ob noch andere Verwandte bei ihnen wohnten.

▨ Sie stellte der Oma auch Fragen nach Kalles Gesundheitszustand.

▨ Obwohl die Fürsorgerin nicht unhöflich war, ärgerte sich Oma über sie.

▨ Die Fürsorgerin erklärte Oma, daß Kalles schlechte Leistungen in der Schule der Grund für ihren Besuch war.

▨ Die Fürsorgerin machte der Oma den Vorschlag, Kalle bei den Hausaufgaben zu helfen.

▨ Kalle wollte nicht glauben, daß seine Oma einmal nicht mehr für ihn sorgen konnte.

e) Worin unterscheiden sich Lesetext und Hörtext?
Hör den Text sehr genau und achte auf Einzelheiten.

Im Ausschnitt aus dem Jugendbuch steht:	Im Hörspiel heißt es:
Zeile: ▨ Jedenfalls kam die Fürsorgerin …	
▨ Sie gefiel Kalle.	
▨ Oma gefiel sie nicht.	
▨ Oma … zeigte Kalles Bett.	
▨ Das Fräulein nickte zu allem.	
▨ Das Fräulein versuchte zu lächeln, was ihm nur schwer gelang, und erwiderte ebenso leise: …	
▨ Das Fräulein war derart eingeschüchtert, daß es nicht mehr über Verhältnisse redete, …	
▨ Dieses „Das gibt's nicht" wiederholte sich Kalle …	

d) Hör den Text „Die Fürsorgerin besucht Oma und Kalle" von der Kassette.
Wie hören sich die Personen an?

	Kalle	Oma	Fürsorgerin
aufgeregt			
neugierig			
verärgert			
geduldig			
drohend			
entschlossen			
kühl			

C KONFLIKTE UND LÖSUNGEN

C1 Im „Bravo-Report" werden Briefe von Jugendlichen veröffentlicht, die sich mit ihren Problemen an dieses Jugendmagazin gewendet haben.

a) Lies, was sechs junge Leute geschrieben haben. Wer verhält sich deiner Meinung nach falsch? Wie könnte man das Problem lösen? Mach Vorschläge.

DAS IST MEI

Melanie, 14:
„Mutter ist mein Zimmer zu schlampig."

Ich komm mit meiner Mama — wir leben seit der Scheidung allein — wirklich gut aus. Nur mit dem Zimmer — das ist ein ewiges Theater! Ich bin nun mal schlampig, ich weiß. Aber schließlich muß ja ich dort leben und nicht sie! Aber dauernd gibt's *Zoff* deswegen. Sie sagt sogar: „Du darfst nur auf die Party, wenn dein Zimmer aufgeräumt ist! Du kriegst den Jeans-Mini nur, wenn du endlich deinen Teppichboden saugst!" und so weiter. Das *nervt* mich *echt*! Darf sie mich so erpressen? ■

Meine Schwester, 18, hilft ziemlich viel im Haushalt, und die beschwert sich wohl auch ein bißchen so nach dem Motto: „Der braucht hier nicht den *Macho* zu spielen!" Es ist halt so, daß ich zum Beispiel nachmittags Tennis spiele, dann um fünf ein Date mit einem Mädchen habe und abends dann mit der Clique in den Biergarten geh'.
Jetzt soll ich nach dem Mittagessen Geschirr spülen. Vorher darf ich nicht weg. Das ist zwar kein Problem, aber diese Häuslichkeit, die sie von mir erwarten, die finde ich eine Nummer zu groß. Schließlich bin ich 16, und außerdem ein Junge. ■

[1] meckern: kritisieren

Matthias, 16: „Mutter macht sich zu viele Sorgen um mich."

Meine Familie kümmert sich viel zu viel um mich, das heißt, ich vermisse meine Selbständigkeit. Das fängt bei meinem Zimmer an: Jeden Morgen räumt meine Mutter auf. Sie bringt mir Posters mit, die ich dann aufhängen soll, obwohl ich sie total blöd finde. Zum Beispiel kürzlich, da hat sie so ein Poster gebracht mit 'nem Ferrari drauf und meinte: „Also das muß dir doch nun wirklich gefallen, Matthias! Wo du doch als Junge Autorennen so toll gefunden hast!" Aber ich kann an diesen Benzinfressern überhaupt nichts mehr finden und weiß nicht, warum ich mir das unbedingt ins Zimmer hängen soll. Tu ich es nicht, dann ist sie beleidigt. Oder Klamotten. Meine Mutter kauft ein; sie hat zwar einen ganz guten Geschmack, aber irgendwie möchte ich das doch lieber selber machen. Vor allem hat sie eine Vorliebe für Sonderangebote. Ich möchte aber lieber mal ein teures Stück als vier Sweatshirts aus dem Billig-Laden. Lieber weniger, aber tolle Sachen! Naja, so geht das dauernd. Ich komme mir vor wie ein kleiner Junge, aber ich kann mich nicht wehren. ■

Jörg, 16: „Ich soll noch viel mehr im Haushalt helfen."

Ich bin ziemlich viel unterwegs — weil ich halt gern Sport treibe und viele Freunde und Hobbys habe. Klar, ich bin kaum zu Hause. Meine Eltern machen mir da auch keine Vorschriften, aber sie meckern[1] ziemlich rum, daß ich zu wenig zu Hause bin, und vor allem, daß ich nichts im Haushalt mache.

Sandra, 15:
„Ich darf nie in die Disco."

PROBLEM...

Mein Vater ist wahnsinnig streng: Er kontrolliert mich ständig; ich darf zwar abends weg, vor allem am Wochenende,
aber ich muß genau sagen, wo ich bin und mit wem. Das
wird auch überprüft. Ich darf schon zu privaten Festen oder
so, bis maximal Mitternacht am Wochenende oder aber bis
22 Uhr, wenn ich ins Kino gehe oder zum Essen mit Freunden. Aber ich darf nicht in die Disco! Alle meine Freundinnen dürfen das, aber meine Eltern verbieten es mir! Erst mit
16, sagen sie. Das ist für mich ein totales Problem, denn
alle Freundinnen gehen am Wochenende dorthin — und ich
sitz' dann zu Hause, weil sie nicht extra wegen mir woanders
hingehen. In der Disco lernt man halt am besten Leute kennen. Und ich bin immer ganz schön deprimiert[1], wenn sie
am Montag in der Schule von ihren tollen Eroberungen
schwärmen[2], und ich kann wieder mal nicht mitreden.
So ein Mist! ◾

[1] deprimiert: traurig, enttäuscht
[2] schwärmen: begeistert erzählen

Martin, 16:
„Ich darf nicht alleine in Urlaub fahren."

Ich wollte dieses Jahr mit Freunden — fünf Jungs und vier
Mädchen — mit Interrail vier Wochen durch die Gegend
düsen. Ich hab' extra gejobbt, damit ich das Geld zusam-
menkriege, da sagt mein Vater: „Du bist zu jung, das ist
viel zu gefährlich, das geht nicht!" Dabei sind wir ja 'ne
Clique, gefährlich wär das sicher nicht. Aber er hat es verboten.
Nun muß ich mit der Family nach Italien! Alle meine
Kumpel[1] dürfen fahren, nur ich nicht! Die erzählen dann
von ihren Abenteuern, und ich war in der Pizzeria! Meine
Freundin wollte übrigens auch mitfahren mit der Clique, und
sie — als Mädchen — hätte gedurft! Allerdings bleibt sie mir
zuliebe auch zu Hause. So werden wir halt hier Urlaub
machen, und zwei Wochen fährt jeder bei den Eltern mit.
Das ist wenigstens ein kleiner Trost. Aber wütend bin ich
schon! Dürfen die Eltern das überhaupt? ◾

[1] Kumpel: Freunde

Christina, 16:
„Mutter wollte mich ins Heim stecken."

Meine Eltern sind seit drei Jahren geschieden. Vor einem
Jahr hatte ich *tierisch* Ärger mit meiner Mutter. Sie wollte
mich sogar schon in ein Heim stecken. Es kam so: Ich lernte
durch eine Freundin eine Clique kennen, in der ein paar
Leute mit Drogen zu tun haben. Das hat meine Mutter gemerkt, denn ich hab' sie alle zu einer Party eingeladen, als
meine Mutter mal ein paar Tage weg war. Ich geb' ja zu,
bei diesem Fest hab' ich ziemlich die Kontrolle verloren,
weil diese Clique wieder Freunde mitbrachte, und so waren
eine Menge Leute da, die ich überhaupt nicht kannte. Ein
paar von denen haben *gekifft*[1]. Der Geruch von Haschisch
war nicht aus dem Zimmer zu kriegen, und meine Mutter
hat sofort alles *gerafft*, was da *abging*.
Sie war *total* wütend. Sie hat mir verboten, mit diesen
Leuten weiter in Kontakt zu kommen! Aber da ich selber
mit Drogen ja nichts zu tun hatte, war ich dazu nicht bereit.
Da hat sie mich sogar in der Wohnung eingesperrt, wenn
sie abends wegging, sie hat das Telefon abgestellt oder zu
Leuten, die mich anriefen, einfach gesagt: „Meine Tochter
ist nicht zu Hause!" Das hat mich *total genervt*. Wir
haben dann nur noch gestritten — ich hatte mir sogar schon
ein Heim ausgesucht, in dem ich leben wollte. Aber davor
waren wir noch bei einer Erziehungsberatung, und da kam
raus: Meine Mutter brauchte dringend eine Therapie.
Dann haben wir uns nochmal zusammengesetzt und gesagt: „Nein, wir schaffen das auch allein. So kaputt ist unsere Mutter-Tochter-Beziehung auch wieder nicht!"
Ab da hat es dann funktioniert. ◾

[1] gekifft: Haschisch geraucht

b) Die *kursiv* gedruckten Wörter gehören zur Jugendsprache. Versteht ihr ihre Bedeutung? Ersetzt sie in der Klasse durch Wörter, die ihr
kennt. Überprüft eure Ergebnisse mit Hilfe der
Erklärungen aus dem Lexikon der Jugendsprache (C2).

Probleme haben wir alle. Aber gerade in eurem Alter scheinen sie endlos, vor allem mit den Eltern. Wir zeigen euch Lösungen, die euch wirklich weiterbringen.

c) Ordne die Teile der Ratschläge den richtigen Personen zu.

> Du könntest eine ältere Freundin oder den älteren Bruder einer Freundin bitten, dich ab und zu mal mitzunehmen, denn unter sechzehn ist rechtlich die Begleitung eines Erwachsenen notwendig.

Melanie

Es würde nichts helfen, wenn du zum Jugendamt gehen würdest. Man würde dir dort auch nur sagen, daß du dich anpassen mußt, solange du zu Hause wohnst, denn in ihrer Wohnung haben die Eltern das Sagen.

> Du solltest dich wirklich nicht beschweren! Rechtlich gesehen gehört im Haushalt helfen sogar zu deinen Pflichten!

> Wenn man bei solchen Auseinandersetzungen keinen Kompromiß findet, kann man sich an das zuständige Jugendamt wenden, oder wie ihr es gemacht habt, an eine Erziehungsberatungsstelle.

> Nach dem Gesetz ist es so, daß Eltern ihre Kinder nur dann von Gleichaltrigen fernhalten dürfen, wenn dieser Umgang schädlich für ihre Entwicklung wäre.

> Du könntest deinen Eltern erklären, wann und von wem du nach Hause gebracht wirst, so daß sie sich keine Sorgen zu machen brauchen. Nicht zu Unrecht denken die Eltern an all die Gefahren, denen ihr nachts auf dem Nachhauseweg ausgesetzt seid, vielleicht sind Betrunkene auf der Straße, oder es fährt kein Bus mehr.

> Du solltest deiner Mutter erklären, daß du dein Zimmer selbst in Ordnung halten willst. Bitte sie freundlich darum, das zu akzeptieren.

> Ihr könntet einen Kompromiß finden, z.B. räumst du einmal in der Woche auf, und an den übrigen Tagen akzeptiert deine Mutter dein Chaos.

> Du solltest ruhig mal den Mund aufmachen! Wie du dein Zimmer dekorierst, ist deine Sache! Du schreibst deinen Eltern ja auch nicht vor, welche Möbel sie ins Wohnzimmer stellen sollen.

> Du solltest aber ganz schnell umdenken! Daß du dich amüsierst und andere für dich arbeiten läßt, das kannst du wirklich nicht erwarten, jetzt nicht von deiner Familie und auch später nicht von deiner Frau!

> Du solltest keinesfalls gegen den Willen deiner Eltern wegfahren, denn sie haben bis achtzehn die Verantwortung für dich und könnten dich sogar von der Polizei zurückbringen lassen.

> Ein Recht auf Allein-Verreisen haben Jugendliche erst, wenn sie volljährig sind.

d) Du hast die Ratschläge gelesen, die *Bravo* den Jugendlichen gibt. Würdest du ihnen dasselbe raten oder nicht? Wie würdest du dich an ihrer Stelle verhalten?

AB
10

e) Bildet 4 Gruppen (A–D).

Sammelt Informationen aus a) über die Personen und ihr Verhalten. Erfindet mit diesen Informationen kleine Rollenbeschreibungen zu den Personen und spielt die Rollen. Zu jeder Gruppe gehört noch ein „Psychologe" oder eine „Psychologin".

Versucht, gemeinsam eine Lösung zu finden.

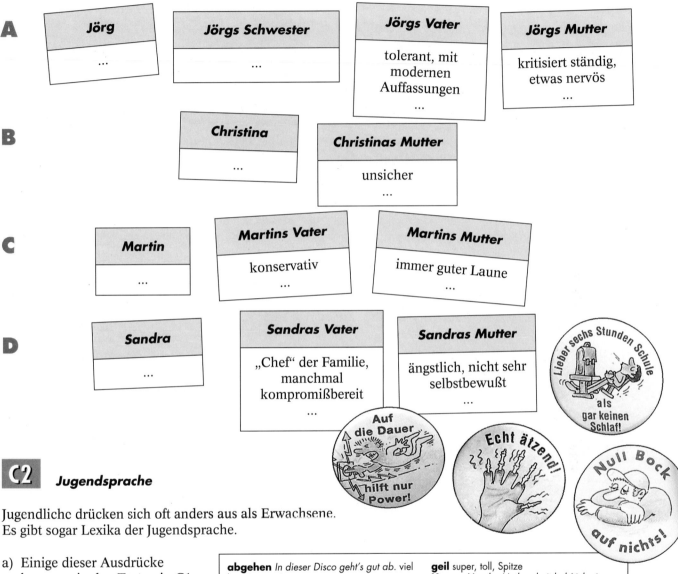

A

Jörg	Jörgs Schwester	Jörgs Vater	Jörgs Mutter
...	...	tolerant, mit modernen Auffassungen ...	kritisiert ständig, etwas nervös ...

B

Christina	Christinas Mutter
...	unsicher ...

C

Martin	Martins Vater	Martins Mutter
...	konservativ ...	immer guter Laune ...

D

Sandra	Sandras Vater	Sandras Mutter
...	„Chef" der Familie, manchmal kompromißbereit ...	ängstlich, nicht sehr selbstbewußt ...

Lieber sechs Stunden Schule als gar keinen Schlaf!

Auf die Dauer hilft nur Power!

Echt ätzend!

Null Bock auf nichts!

C2 Jugendsprache

Jugendliche drücken sich oft anders aus als Erwachsene.
Es gibt sogar Lexika der Jugendsprache.

a) Einige dieser Ausdrücke kommen in den Texten in C1 vor. Hast du sie richtig verstanden?

b) Sprechen die Jugendlichen in eurem Land auch eine „andere Sprache" als die Erwachsenen?
Diskutiert darüber in der Klasse.

Oberaffengeil!

abgehen *In dieser Disco geht's gut ab.* viel lossein, passieren
affengeil toll, super, Spitze
anöden *Das ödet mich an!* keine Lust haben, langweilig sein
ätzend ganz schlecht; unangenehm (auch: gut)
ausflippen die Nerven verlieren, durchdrehen
checken verstehen; kontrollieren
cool *Das ist cool!* toll; *ein cooler Typ* ein toller Typ; jemand, der alles im Griff hat.
drauf haben *Die hat was drauf.* können, wissen
drauf sein *Heute bin ich nicht gut drauf.* schlechte Laune haben
düsen (schnell) laufen, fahren
echt *Das ist echt cool!* sehr, besonders

geil super, toll, Spitze
Horror *Vor der Mathearbeit hab' ich einen Horror!* Angst haben
irre → echt
labern etwas erzählen, was niemanden interessiert
Macho männlicher Angebertyp
-mäßig *bodybuildermäßig* wie ein Bodybuilder; *geldmäßig* was das Geld betrifft
nerven *Du nervst!* auf die Nerven gehen, lästig sein
Normalo langweiliger Mensch
raffen verstehen
tierisch → echt
total → echt
turbo- *Das ist echt turbogeil!* wirklich, besonders, sehr
Zoff Streit

C3 *Besuch bei einer Psychologin*

a) Sieh dir den Prospekt des Stadtjugendamtes München an. Welche Aufgaben hat diese Beratungsstelle? Wer arbeitet dort? Wer kann dorthin gehen?

**Beratung
für
Eltern
Kinder
Jugendliche**

An der Beratungsstelle arbeiten:

⇨ Diplom-Psychologinnen und -Psychologen

⇨ Diplom-Sozialpädagoginnen und -Sozialpädagogen

⇨ Ärztin für Kinder- und Jugendpsychiatrie

⇨ Analytische Kinder- und Jugendlichenpsycho-therapeutin

⇨ Verwaltungsangestellte

Die Beratungsstelle für Eltern, Kinder und Jugendliche bietet:

● **Information:**
über Entwicklung und Erziehung; Prävention und Öffentlichkeitsarbeit

● **Beratung:**
für Eltern, Familien, Kinder, Jugendliche und junge Erwachsene; Fachberatung (z.B. für Lehrkräfte und andere pädagogische Berufe); Beratung in Fragen der Partnerschaft, Trennung und Scheidung

● **Therapie:**
mit Einzelnen und Gruppen, mit Kindern, Jugendlichen und Erwachsenen

Donnerstag, 28.7., 9 Uhr
Jugendamt Paul-Heyse-Str. 20,
Interview mit Dr. Schulz-Müllensiefen

 b) Frau Dr. Schulz-Müllensiefen ist Leiterin des Beratungszentrums des Jugendamtes München. Lies zuerst die Fragen. Hör dann das Interview und löse die Aufgaben.

1 Wer kann sich an die Beratungsstellen des Jugendamtes wenden?

1 Nenne die drei wichtigsten Gruppen.

2 Mit welchen Fragen und Problemen haben Sie in den Beratungsstellen vor allem zu tun?

2 Ergänze die Statistik.

Anlaß der Beratung

	20 %
	20 %
	16 %
	16 %
Probleme im sozialen Bereich	14 %
	9,5 %

3 Wie viele Fälle werden von den insgesamt acht Jugendämtern in München jährlich bearbeitet?

3 Welche Lösung ist richtig?

- [ ] 27
- [ ] 1993
- [ ] 1946
- [ ] 4500
- [ ] 23
- [ ] 3892

4 Was für Kinder und Jugendliche sind das, um die es hier geht?

4 Ergänze die Statistik.

	in Prozent
Schüler der Grundschule und Hauptschule	▢ %
Kleinkinder zu Hause, in Kinderkrippen, in Kindergärten	▢ %
Schüler der Sonderschule	2 %
Schüler der Realschule, des Gymnasiums	▢ %
Schüler in sonstigen Schulen	2 %
junge Leute in der Berufsausbildung / im Studium	6,6 %
Sonstiges	3,1 %

5 Welche Hilfen werden den Ratsuchenden von den Beratungsstellen angeboten?

5 Welche Lösungen sind richtig?

- [ ] Zuerst soll sich die Familie allein zusammensetzen und miteinander reden.
- [ ] Der Jugendliche muß sich wieder mit seinen Geschwistern vertragen.
- [ ] Verschiedene Spezialisten stehen bereit, um der Familie zu helfen.
- [ ] Kinder und Jugendliche mit Problemen müssen zum Psychiater gehen.
- [ ] Den Kindern und Jugendlichen soll durch soziales Lernen in der Gruppe geholfen werden.
- [ ] Eine Sozialpädagogin kann in die Familie kommen und bei der Erziehung und bei der Lösung von alltäglichen Problemen helfen.
- [ ] Die Kinder und Jugendlichen können sich eine andere Familie aussuchen.
- [ ] Im schlimmsten Fall kann das Kind oder der Jugendliche in einem Heim oder Internat wohnen.

6 Ein konkreter Fall

6 Notiere stichwortartig, was du erfährst über:

- die 14jährige Schülerin
- die Mutter
- den Vater
- die Schwester
- die Leistungen des Jugendamtes

7 Wie erfahren Leute mit Erziehungsproblemen vom Leistungsangebot des Jugendamtes?

7 Mach drei Angaben.

D LADY PUNK

Der folgende Textausschnitt ist aus dem Jugendbuch *Lady Punk* von Dagmar Chidolue.

Terry ist fünfzehn und sieht fast aus wie achtzehn.
Sie ist ein Biest und ganz schön verrückt, crazy.
Lady Punk.
Terry hat alles, was man sich wünschen kann,
alles, was Geld kaufen kann, aber davon hat sie
genug.
Und dann kommt schließlich einer dieser Tage, an
denen es unendlich schön und unendlich
schrecklich sein kann.

a) Lies den Text durch. Achte nur auf die wichtig-
    sten Informationen:
    Wer sind die Hauptpersonen?
    Was machen sie bzw. was wollen sie? Warum?
    Berichte dann in wenigen Sätzen darüber. Du
    kannst deine Muttersprache benutzen.

Dagmar Chidolue ist
1944 in Ostpreußen
geboren. Sie studierte
politische Wissen-
schaften und Jura.
Von ihr wurden
mehrere Jugend-
romane veröffentlicht.

Lesetips

Es gibt verschiedene Arten des
Lesens. Welche man wählt,
hängt davon ab, welche Informationen man erhalten möchte.

Das **überfliegende Lesen**
dient der ersten Orientierung:
– was für ein Text es ist (z.B.
  Comic, Erzählung, Bericht),
– worum es im Text geht.
Dabei achtet man besonders
auf Überschriften, Layout,
Zeichnungen. Damit bekommt
man einen ersten Eindruck vom
Text und dessen Inhalt.
Beim **textverarbeitenden
Lesen** will man den Text bzw.
bestimmte Textstellen genauer
verstehen. Es ist hilfreich, die
Textstellen mit Farbstiften zu
markieren. Mit Hilfe von Ver-
stehenstechniken (s. Kap. 1,
Lesetips) bzw. eines Lexikons
kann man schwierige Begriffe
entschlüsseln, die wichtige Informationen enthalten.

Es war alles, wie sie gedacht hatte. Im
Briefkasten waren eine Menge Reklame-
blätter, Sonderangebote der Supermärkte
und die Aufforderung der Post, sich kosten-
5   günstig einen Telefonanschluß legen zu lassen.
Und dann war da noch der Brief aus Amerika.
Miss Terry Burger stand da in blauer Tinte. Es
war in einer großzügigen Handschrift geschrieben, die Terry auf Anhieb[1] liebte.
10 Auf der Vorderseite des Briefumschlags war
seitlich, quer zu Terrys Anschrift, die des Ab-
senders zu lesen. Es war C.W. Burger aus
Pittsburgh, aber das hatte Terry ja schon gewußt. Es strahlte in ihr, und sie war sicher, daß
15 alle Leute es sehen würden. Was für ein glück-
liches Mädchen, würden die Leute denken.
Terry übersetzte es auf englisch, happy girl,
ganz einfach, und sie saß schon im Flugzeug,
nein Jet, hörte die Turbinen heulen, dann stieg
20 sie dröhnend auf, durch den auf der Stadt la-
stenden Dunst hindurch, über die Wolken, up,
up and away.
Den Brief wollte Terry erst später öffnen, vielleicht am Montag, nach der Schule, oder vor-
25 her, bevor sie sich von allen verabschiedete,
und sie stellte sich eine Abschiedsfeier vor bei
McDonald's, mit der ganzen Klasse und den
anderen aus der Clique, die nach der Schule
immer dort saßen. Dieses Gefühl in ihr wollte
30 sie festhalten. Vorfreude war es, sie hatte nicht
gewußt, daß es so was gab.
Terry hielt es nicht durch. In ihrem Zimmer
öffnete sie den Briefumschlag mit einem Blei-
stift. Sie wollte den Umschlag möglichst unver-
35 letzt halten.

Drei Briefbogen aus einer Art Pergamentpapier, die ebenso großflächig beschrieben waren wie der Umschlag, entnahm Terry. Mitten zwischen den gefalteten Seiten befand sich auch ein Foto. Es waren eine Menge Leute darauf zu sehen, nur C.W. Burger nicht, und Terry legte es schnell und uninteressiert zur Seite.

Sie las den Brief, so gut es ging und glaubte zunächst, überhaupt den falschen Brief bekommen zu haben.

Sie begann von vorn, übersetzte ihn sich aus dem Englischen, Stück für Stück, um ihn zu begreifen, aber viel mehr als beim ersten Überfliegen kam auch nicht heraus.

Liebe Terry, stand da, also mußte es schon der richtige Brief sein, einer, der sie erreichen sollte, den sie aber nicht erwartet hatte. Liebe Terry, Dein recht ulkiger Brief war eine große Überraschung für mich. *Your very funny letter.* Wie geht es Dir? Auf dem beiliegenden Foto siehst Du mich und meine Familie. Wir sind alle sehr glücklich, wie Du sehen kannst. Ich bin der große Kerl in der Mitte des Bildes. *That big chap.* Du bist sicher auch schon ein großes Mädchen. Vielleicht besuchst Du uns mal, wenn Du in den USA sein solltest. Die Familie würde sich freuen. Leider hat das mit Deiner Mutter und mir damals nicht geklappt. Mach Dir nichts draus. *Never mind.* Schreibe, wenn Du Lust hast, bald wieder. *If you feel like it.* Es grüßt Dich die ganze Familie C.W. Burger.

Das war alles, und es war gar nichts.

In Terry war von Satz zu Satz diese fiebrige Freude abgesunken wie das Quecksilber in einem Thermometer, das sich dem Gefrierpunkt nähert. Beim dritten Durchlesen war Terry eiskalt geworden. Sie schämte sich für ihren Brief, und sie dachte, wie kamen all die Gedanken in ihren Kopf, *solche* Gedanken, wenn dieser Mensch einen Brief wie diesen schreiben konnte.

Sie besah sich die Fotografie. Die vielen Leute drauf waren die Familie C.W. Burger, und sie bestand aus einer Menge dicker Kinder, vier, nein fünf davon, und einer dicken Frau. Sie saßen auf kurzgeschorenem Gras vor einem ländlich aussehenden Haus und grinsten alle bis über die Backen[2]. In der Mitte, das mußte C.W. Burger sein, und er war groß und dick und ziemlich glatzköpfig[3]. Auch er grinste bis über die Backen. Es war unglaublich, aber es war nicht Terrys Vater, den sie von dem alten Foto kannte und der in ihrer Erinnerung war, es war jemand ganz anderes.

Terry zerriß langsam Brief und Foto in kleine Stücke. Dann holte sie das alte Foto von C.W. Burger aus ihrer Hosentasche und machte auch daraus tausend kleine Schnipsel. Sie legte das Papierhäufchen in den Kristallaschenbecher, den sie als Aufbewahrungsplatz für angebissene Radiergummis, Tintenpatronen und Deorollkugeln benutzte. Und in dem Moment wußte Terry genau, daß es sich um eine Illusion gehandelt hatte. Mit einem Feuerzeug zündete sie das Papier an. Das Pergamentpapier brannte schnell und mit hohen Flammen.

Mit den ausgebrannten Resten ging Terry zum Fenster und ließ sie draußen einzeln fliegen. Asche zu Asche, fiel ihr ein. Es war das Ende des Jahrhundertsommers. Jahreszeit für Beerdigungen.

---

[1] auf Anhieb: sofort
[2] grinsten ... bis über die Backen: grinsten sehr
[3] ziemlich glatzköpfig: hatte fast keine Haare

b) Lies den Text noch einmal und sammle Informationen zu den Hauptpersonen:

- C.W. Burger (Wer ist er? Wie sieht er aus? Wo und wie wohnt er? Was war früher?)
- Terry und ihre Gefühle vor und nach dem Lesen des Briefs.

c) Wo steht das im Text? Gib die Zeilen an.

- Terry wußte, daß sie einen Brief von C.W. Burger bekommen würde.
- Sie erwartete viel von diesem Brief.
- Sie war von dem Brief enttäuscht.

Wie reagierte sie?
Wie ist ihre Reaktion wohl zu erklären?

d) Ergänze nun den Text.

An diesem Tag bekam Terry ....

Er war von C.W. Burger, der jetzt in ....

.... Er hatte sich ....

...., als Terry noch klein war, weil ....

....

Terry hatte diesen Brief erwartet, weil sie selbst ....

Sie war sich ziemlich sicher, was im Brief stehen würde: daß ....

....

Sie fühlte sich überglücklich und träumte schon davon, wie ....

....

Voller Ungeduld ....

Aber obwohl sie recht gut Englisch konnte, ...

Erst mit der Zeit begriff sie, daß die Dinge ganz anders waren, als sie sich vorgestellt hatte, denn C.W.

Burger ....

Es war auch ein Foto im Brief, auf dem ....

Aber Terry erkannte .... ,

weil ....

Sie merkte, daß ....

und verbrannte .... ,

weil ....

....

A SCHULE IN DEUTSCHLAND

Was denken wohl die Schülerinnen und Schüler?

4 Was riecht denn hier so furchtbar?

Schade, daß sie nicht meine Freundin ist!

Ich kann mein Heft einfach nicht finden.

Zum Glück ist gleich Pause!

Gleich schlafe ich ein.

Hoffentlich komme ich nicht dran!

Warum sieht er mich denn nicht?

Mit der neuen Frisur sieht er wirklich doof aus.

A1 Schultypen

Klasse					Alter
			Universität / Fachhochschule		
13 12 11	Berufsausbildung in Berufsschulen und Betrieben	Fachoberschule Berufsfachschule	Gymnasiale Oberstufe (Kurssystem)		18 17 16
10					15
9 8 7	Hauptschule	Realschule	Gymnasium	Gesamtschule = Hauptschule + Realschule + Gymnasium	14 13 12
6 5	Orientierungsstufen				11 10
4 3 2 1	Grundschule				9 8 7 6

▲ Klasse   ▲ Alter

a) Chris, Irene, Bernd und Hanna sind in der neunten Klasse. Was für eine Schule besuchen sie?

Chris ist fünfzehn. Er will später einmal studieren und Arzt werden. Die meisten Universitäten sind allerdings heute sehr voll. Deshalb bekommt man in einigen Fächern nur dann einen Studienplatz,
5 wenn man sehr gute Noten im Abitur hat. Medizin ist zum Beispiel so ein Fach. Chris will es unbedingt schaffen. Er ist zwar erst in der neunten Klasse, aber er versucht schon jetzt, immer der
10 Beste zu sein. Seine Klassenkameraden halten ihn für einen Streber. Darüber ärgert sich Chris, denn eigentlich gefällt es ihm gar nicht, so viel zu lernen und keine Zeit für die Freunde zu haben.
15 Aber er steht stark unter Druck. Er hat auch immer Angst vor den Klassenarbeiten, obwohl er ein sehr guter Schüler ist. In zwei Jahren kommt er in die Oberstufe. Da gibt es keine Klassen mehr, son-
20 dern Kurse. Dann kann er die Fächer wählen, die ihn besonders interessieren.

Zeit	Montag	Dienstag	Mittwoch	Donnerstag	Freitag	Samstag
8⁰⁰–8⁴⁵	Biologie	Mathe	Sport	Werken (Jungen)	Deutsch	
9⁰⁰–9³⁵	Biologie	Mathe	Sport	Werken (Jungen)	Englisch	
9⁵⁰–10³⁵	Religion	Geschichte	Deutsch	/	Englisch	
10⁵⁵–11⁴⁰	Erdkunde	Deutsch	Sozialkunde	Haus-	Sozialkunde	
11⁵⁰–12³⁵	Kurs	Sozialkunde	Mathe	wirtschaft	Mathe	frei
12⁴⁰–13²⁵	Kurs	1) Sozialkunde	Englisch	Mädchen	Deutsch	
					Arbeits-	
					gemein- 2) schaft	

1) Musik/Kunst oder Physik/Chemie
2) Foto, Sport oder Kochen

Irene brauchte nicht schon nach der Grundschule zu wählen, welchen Schulabschluß sie machen will. An ihrer Schule gibt es verschiedene Leistungsgruppen. Ihr macht zum Beispiel Englisch keinen Spaß. Deshalb besucht sie einen C-Kurs und braucht keine Angst zu haben, wenn sie nicht so gut ist. Die besseren Schüler gehen in die A- und B-Gruppen. Man bleibt auch nicht sitzen. Wenn Irene will, kann sie nach der neunten oder zehnten Klasse abgehen. Aber sie hat auch die Möglichkeit, bis zur dreizehnten Klasse zu bleiben und das Abitur zu machen.

Zeit	Montag	Dienstag	Mittwoch	Donnerstag	Freitag	Samstag
8⁰⁰–8⁴⁵	Deutsch	Deutsch	Französisch	Englisch	Maschine-schreiben	
8⁵⁰–9³⁵	Französisch	Deutsch	Englisch	Mathe	Französisch	
9⁵⁰–10³⁵	Englisch	Englisch	Mathe	Sozialkunde	Deutsch	
10⁴⁰–11²⁵	Mathe	Geschichte	Mathe	Physik	Stenografie	
11⁴⁰–12²⁵	Kunst	Sport (Mädchen)	Biologie	Physik	Geschichte	
12³⁰–13¹⁵	Kunst	Werken (Jungen)	Textilarbeit (Mädchen)	Hauswirt-	Erdkunde	
13³⁰–14¹⁵	Erdkunde	Biologie	Sport (Jungen)	schaft AG (Mädchen)	Biologie	

Zeit	Montag	Dienstag	Mittwoch	Donnerstag	Freitag	Samstag
8⁰⁰–8⁴⁵	Geschichte	Englisch	Latein [1]	Englisch	Geschichte	
8⁵⁰–9³⁵	Deutsch	Deutsch	Latein [1]	Mathe	Englisch	Frei
9⁵⁰–10³⁵	Englisch	Latein [1]	Physik	Deutsch	Sozialkunde	
10⁵⁵–11⁴⁰	Mathe	Mathe	Kunst	Chemie	Biologie	
11⁵⁰–12³⁵	Latein [1]	Erdkunde	Kunst	Chemie	Religion	
12⁴⁰–13²⁵	Sport	Physik	Kurs Informatik		Mathe	
13³⁰–14¹⁵	Sport	Religion			Musik	

[1] oder Französisch oder Russisch

Bernd ist fast sechzehn. Die neunte Klasse ist sein letztes Schuljahr. Dann macht er eine Berufsausbildung. Er interessiert sich für Berufe, die etwas mit Computer zu tun haben, aber ohne Abitur ist es fast unmöglich, dafür einen Ausbildungsplatz zu finden. Er versucht jetzt, eine Lehrstelle als Elektriker zu bekommen. Bernd ist nicht besonders fleißig. Trotzdem sind seine Noten nicht schlecht. Wahrscheinlich bekommt er auch ein gutes Abschlußzeugnis.

Hanna ist erst in der neunten Klasse, obwohl sie schon über sechzehn ist. Sie ist einmal sitzengeblieben. Sie will später Modeschöpferin werden. Deshalb besucht sie nach der zehnten Klasse noch zwei Jahre die Fachoberschule. Ihre Schulleistungen sind nicht so gut. Sie hofft aber, daß sie ein gutes Abschlußzeugnis bekommt, wenn sie sich jetzt noch ordentlich anstrengt. Eigentlich geht sie gern zur Schule, obwohl sie den Unterricht ziemlich stressig findet. Sie ärgert sich auch darüber, daß sie für Fächer, die sie nicht mag, so viel tun muß. Sie würde viel lieber mehr für ihre Lieblingsfächer tun.

b) Sammle Informationen zu den verschiedenen Schultypen aus dem Schaubild,
    den Texten und den Stundenplänen.

	Hauptschule	Realschule	Gymnasium	Gesamtschule
Anzahl der Schuljahre				
Alter nach Beendigung der Schulzeit			19	
Anzahl der Fächer/ Wochenstunden				
Unterrichtszeit				
Fremdsprachen	Englisch			
Zeugnis nach Beendigung der Schulzeit				
Möglichkeiten nach dem Schulabschluß				
Andere Merkmale	Praktische Fächer (Hauswirtschaft)			

c) Vergleiche nun mit deiner
    Schule. Was ist gleich?
    Was ist anders? Benutze dazu
    die Redemittel im Kasten.

> In meiner Schule haben wir ...
> Bei uns gibt es ...
> Wir haben auch ...
> Wir haben dagegen ...
> Bei uns ist es anders: ...

d) *Obwohl* oder *weil*?

1 ▢ Christian erst fünfzehn ist, weiß er
   schon, was er später werden will.
2 Er will versuchen, einen Studienplatz in Medizin zu bekommen, ▢ es sehr schwer ist.
3 Man bekommt in einigen Fächern nur mit sehr
   guten Noten einen Studienplatz, ▢ die
   Universitäten sehr voll sind.
4 Die Freunde halten Christian für einen Streber,
   ▢ er immer so fleißig ist.
5 ▢ Irene nicht so gut in Englisch ist,
   braucht sie keine Angst vor schlechten Noten
   zu haben.
6 Sie besucht in Englisch einen C-Kurs, ▢
   ihr dieses Fach keinen Spaß macht.

7 Bernd will eine Ausbildung als Elektriker
   machen, ▢ er sich mehr für Computer interessiert.
8 Er bekommt keinen Ausbildungsplatz als
   Computerfachmann, ▢ er kein Abitur hat.
9 Hanna besucht noch zwei Jahre die Fachoberschule, ▢ sie Modeschöpferin werden
   will.
10 Hanna hofft, daß sie ein gutes Abschlußzeugnis bekommt, ▢ ihre Schulleistungen
   nicht besonders gut sind.
11 Sie geht gern zur Schule, ▢ es sehr
   stressig ist.
12 Sie ist erst in der neunten Klasse, ▢ sie
   einmal sitzengeblieben ist.

GR 1 Konzessive Sätze mit *obwohl* und *trotzdem*

AB
19
(1./2.)

Chris ist ein guter Schüler. Er hat Angst vor Tests.

Obwohl Chris ein guter Schüler *ist*, hat er Angst vor Tests. } Verb steht am Ende
Chris hat Angst vor Tests, obwohl er ein guter Schüler *ist*.

Chris ist ein guter Schüler.
        Trotzdem *hat* er Angst vor Tests. } *Trotzdem* kann vor
        Er *hat* trotzdem Angst vor Tests. oder hinter dem
        Verb stehen.

A 2 Spiel

Bildet zwei Gruppen (A und B). Jemand aus A
liest einen der Sätze vor.
Jemand aus B ergänzt einen passenden *trotzdem*-
Satz. Ihr könnt die Sätze frei ergänzen oder einen
Ausdruck aus dem Kasten wählen. (Nicht alle
Ausdrücke im Kasten passen!)
Es gibt einen Punkt für einen passenden
trotzdem-Satz und einen Punkt für die richtige
Wortstellung.

Beispiel: A: Stelle ist ein sehr kleiner Ort.
        B: Trotzdem gibt es dort eine sehr große
          Disco.

~~Stelle ist ein sehr kleiner Ort.~~
Britta findet die Arbeit in der Umweltschutzgrup-
pe sehr anstrengend.

Kathrin und Daniela streiten sich oft.
Isabells Eltern sind sehr tolerant.
Tobias regt sich oft über das Verhalten seiner El-
tern auf.
Er bekam nur wenig Taschengeld.
Der Lateinlehrer ist sehr streng.
Claudia war sehr müde.
Ich gehe immer rechtzeitig von zu Hause los.
Mein Bruder ist ganz nett.
Ich müßte für die Klassenarbeit lernen.
Gabi findet die Unordnung in ihrem Zimmer toll.
Ich helfe immer im Haushalt.
Bert hat eine Sechs in Englisch geschrieben.
Meine Mutter sagt immer, daß frische Luft gesund
ist.

den ganzen Nachmittag fernsehen   saubermachen   sich oft streiten   Frühstück essen

ab und zu aufräumen   gern mitmachen   Bilder an die Wand hängen

Kinder ähnlich erziehen   ständig kritisieren   nicht mögen   gut finden

Freundin täglich zum Eis einladen   ~~eine sehr große Disco gehen~~

sich ziemlich oft treffen   nicht schlafen können   gute Laune haben

gute Freundinnen sein   nicht alles erlauben   Comics lesen dürfen

nicht in die Disco gehen dürfen   nie spazieren gehen   nicht pünktlich in der Schule sein

AB
1-3

A3 So wäre Schule wirklich toll!

Ein Reporter des Jugendmagazins *treff* machte eine Umfrage: Wie sieht eure Traumschule aus? Welche Wünsche und Ideen habt ihr?

a) Wie würdest du darauf antworten?
b) Lies nun, wie Jugendliche in Deutschland darauf geantwortet haben.

Ich fände es gut, wenn wir uns im Musikunterricht mehr über moderne Musik unterhalten würden, zum Beispiel über Pop-Musik. Man sollte auch mehr als nur zwei Stunden Sport pro Woche haben. Außerdem müßten mehr Auslandsreisen gemacht werden, vielleicht jedes Jahr eine. Ich denke auch, daß es mehr Pflanzen auf dem Schulhof geben sollte.
Martina (16 Jahre)

Man müßte in der Klasse Fußball spielen, und die Lehrer dürften dazu nichts sagen! Die Pausen müßten länger sein. In der Sportstunde dürfte man spielen, was man wollte! Die schlechtesten Schüler dürften nie sitzenbleiben! Und Arbeiten dürften auch nicht geschrieben werden. Zensuren gibt's nur fürs Mündliche.
Mehmet (13 Jahre)

Ich meine, die Lehrer sollten etwas netter sein. Wenn sie etwas mehr Spaß verstehen würden, wäre der Unterricht bestimmt angenehmer. Und dann sollten die Mitschüler nicht immer lachen, wenn man etwas falsch macht. Ich fände auch toll, wenn wir nicht mehr auf Blättern schreiben würden, sondern mit Computern.
Zeynep (16 Jahre)

Jede Schulstunde dürfte nur eine halbe Stunde dauern. Dazwischen müßte nach jeder Stunde eine 25 Minuten lange Pause sein. Vor und nach der Schule wird man von einem Schulbus hin- und hergefahren. In der Pause stehen in einer Ecke Pausenbrote und etwas zu trinken zur Selbstbedienung[1]. Dort stehen die Lehrer und teilen jedem etwas von der Pausenverpflegung aus.
Lars (13 Jahre)

[1] Selbstbedienung: man kann sich selbst nehmen, was man haben will.

Es müßte eine größere Zensurenskala geben, etwa zwischen eins und zehn. Dann könnte man die Schüler besser beurteilen. Die Anzahl der Arbeitsgemeinschaften sollte erhöht werden, damit man besser wählen kann.
Frederik (16 Jahre)

Es wäre super, wenn man nur eine oder keine Arbeit pro Woche schreiben würde. Es müßte weniger Hausaufgaben geben, da man oft bis in den Abend daran sitzt. Es wäre schön, einmal im Jahr ins Ausland zu fahren. Und außerdem: Manche Lehrer müßten bessere Laune haben, wenn sie in die Klasse kommen.
Nicole (16 Jahre)

Ich würde mir wünschen, daß alle Lehrer gut erklären können. Man sollte auch mehr jüngere Lehrer einstellen. Ich fände es schön, mehr über die heutige Zeit und die moderne Musik zu sprechen. Nicht immer über Mozart und Bach, das interessiert doch keinen mehr!
Dorothy (17 Jahre)

Ich fände es super, wenn die Schule um 10 Uhr beginnen würde und um 13 Uhr zu Ende wäre. In den Pausen gäbe es Cola und Eis für jeden frei. Es müßte nur Super-Lehrer geben. Statt der üblichen Fächer hätten wir Tanzunterricht, Kochen und Freizeitstunden. Und während des Unterrichts dürften wir Musik hören ...
Patricia und Nicole (beide 14 Jahre)

c) Was denkt ihr über diese Aussagen?

> Ich denke, ... hat recht, denn ...
> Was ... sagt, finde ich falsch / richtig / dumm, denn ...
> Meiner Meinung nach ...

d) Wenn ich Lehrer/Lehrerin wäre.

Was würdest du in dieser Situation tun? Schreib in dein Heft.

Wenn ich Lehrer / Lehrerin wäre, …
An der Stelle des Lehrers / der Lehrerin würde ich …

Beispiel:
Wenn ich Lehrer wäre, dürften die Schüler nicht Karten spielen. Ich würde ihnen die Karten wegnehmen.

wegsehen   verbieten   schimpfen

mitmachen/mitspielen

aufwecken

wegnehmen

die Eltern informieren   den Direktor rufen

AB 4-6

A4 — Besuch bei einem perfekten Lehrer

Der folgende Text ist aus dem Buch *Moons Geschichte* von Nicole Meister.

Das Buch handelt von Moon, einem 15jährigen Realschüler, der nicht besonders gut in der Schule ist.
Sein Vater ist Mathematiklehrer an einem Gymnasium. Er ist sehr ehrgeizig und möchte unbedingt, daß Moon aufs Gymnasium geht. Eines Tages hat er die Idee, Moon mit in seine Schule zu nehmen …

Nicole Meister war siebzehn, als sie das Buch schrieb, und ging noch zur Schule. Sie besuchte zuerst die Realschule und wechselte später auf das Gymnasium.
Ihr Roman hat großen Erfolg.

a) Lies den Text. Wie verhält sich Moons Vater in der Klasse? Gib die Zeilen an, in denen du etwas darüber erfährst.

Am nächsten Tag hätte ich eigentlich frei gehabt. Unsere Lehrer machten einen Ausflug. Doch dafür hatte mein Vater kein Verständnis. Pünktlich um sieben Uhr warf
5 er mich aus dem Bett. „He, Moon. Die Sonne scheint, steh auf." „Nein", sagte ich und wälzte mich auf die andere Seite. „Ich habe eine Idee, Moon. Du kommst heute mit mir." „Wohin?" fragte ich, noch halb im Schlaf. „In die Schule.
10 Komm, steh auf." „Was will ich in deiner Schule?" „Du kannst dir einmal ansehen, was dein Vater für ein perfekter Lehrer ist."
Er hatte manchmal wirklich verrückte Ideen, das mußte man ihm lassen. Ich stand trotzdem
15 auf. Vielleicht war es ganz witzig. Er wollte mir garantiert vorführen, wie phantastisch der Unterricht am Gymnasium sei.

Als erstes lernte ich einen Lehrer kennen, wie
20 es ihn an unserer Schule garantiert nicht gegeben hätte.
Er legte die Beine über den Tisch und begann mit seinen Schülern über das Fußballspiel vom vergangenen Abend zu reden. Mich parkte er
25 neben einem brillentragenden, lang aufgeschossenen[1] Typen, der sich zu seinem Nachbarn an der linken Seite umwandte und sagte: „Daß dem Alten auch nie etwas anderes einfällt!"
Ich wäre froh gewesen, hätte er sich einmal mit
30 mir über Fußball unterhalten, auch wenn es mich nicht im geringsten interessierte.
Er hatte übrigens nicht gesagt, wer ich war. Wer weiß, warum. Sein besonderer Liebling schien ein Typ der Marke Leistungssportler zu sein.

35 Sie redeten miteinander, wie Vater und Sohn oder auch wie zwei Freunde miteinander redeten. Ich konnte den Typen nicht ausstehen. Sie redeten darüber, wie phantastisch die Schulmannschaft Fußball gespielt hatte und daß
40 mein Vater mit ihnen Pizza essen gehen würde. Ich brauche wohl nicht zu erwähnen, daß er mit mir niemals Pizza essen ging. Irgendwann begann er sogar mit dem Unterricht. Er sagte dem Leistungssportler, er solle die Hausaufga-
45 ben vorlegen.
Der Leistungssportler hatte seine Hausaufgaben allerdings zu Hause liegenlassen. Auch nicht so tragisch[2]. Die lange Latte[3] neben mir sagte, sie sei letzte Stunde nicht anwesend ge-
50 wesen. Machte auch nichts. Mein Vater nahm die Beine vom Tisch, grinste in die Klasse und fragte, ob irgend jemand zufällig die Hausaufgaben da hätte. Vier meldeten sich tatsächlich. Mein Vater meinte, das sei sehr gut.
55 „Ich habe einen Sohn", sagte er und grinste mich breit an, „der ist genauso wie ihr. Der vergißt seine Hausaufgaben ständig." Der Leistungssportler sah mich an und fragte: „Ist er Ihr Sohn?" „Ja", sagte mein Vater, und es
60 klang fast stolz. Sie konnten ja nicht ahnen, daß ich schlecht in der Schule war. Sonst hätte er sicher nicht stolz geklungen.
Nach einer Ewigkeit war die Stunde vorbei. Ich hatte genug gesehen. Ich hatte gesehen, daß
65 mein Vater freundlich zu Minderjährigen sein konnte. Das hatte ich nicht für möglich gehalten. Ich hatte es erst recht nicht für möglich gehalten, daß seine Schüler ihn nett finden konn-

70 ten. Es kam mir fast so vor, als würden sie ihn mögen.

„Papa", sagte ich. „Ich gehe nach Hause." „Zu Fuß?" „Warum nicht?" „So nah ist das nicht, Moon. Außerdem bist du doch nur einmal hier. 75 Da kannst du auch noch zwei Stunden bleiben."

Ich folgte ihm mit gequältem Gesichtsausdruck. „Was ist los mit dir, Moon?" Ich zuckte mit den Schultern. „Gefällt es dir hier nicht?" „Du bist 80 so anders zu ihnen", murmelte ich leise. „Was hast du gesagt?" Ich wiederholte es. „Wie bin ich?" fragte er. „Eben anders. Nicht so streng."

„Ach, Moon …" Ich wußte nicht, was er damit ausdrücken wollte. „Ich dachte, du wärest zu ihnen so streng wie zu mir." „Ich fordere nicht 85 so viel von ihnen. Sie sind ja auch nicht meine Kinder." „Aber du bist netter zu ihnen."

„Moon, machst du mir jetzt Vorwürfe?" „Ich sage dir nur, was ich empfinde."

1 lang aufgeschossen: sehr groß
2 tragisch: sehr schlimm
3 lange Latte: ugs.: sehr großer Mensch

b) Wie verhält sich der Vater zu Moon? Notiere in Stichworten.

GR2 **Konjunktiv II (Formen in der Vergangenheit)**

Moon

Am nächsten Tag hätte ich eigentlich frei gehabt. Da hätte ich mal länger schlafen können.

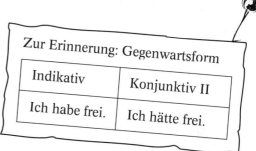

Zur Erinnerung: Gegenwartsform

Indikativ	Konjunktiv II
Ich habe frei.	Ich hätte frei.

AB 7-12

Gebrauch: s. Lektion 3, GR1

Vergangenheit im Indikativ	Konjunktiv II: hätte/wäre + Partizip II
Ich hatte frei. Ich habe frei gehabt. Ich hatte frei gehabt.	Ich hätte frei gehabt.
Ich blieb im Bett. Ich bin im Bett geblieben. Ich war im Bett geblieben.	Ich wäre im Bett geblieben.

Modalverben

Indikativ	Konjunktiv II: *hätte* + Infinitiv + Infinitiv
Ich konnte im Bett bleiben. Ich habe im Bett bleiben können. Ich hatte im Bett bleiben können.	Ich hätte im Bett bleiben können.

c) Moon macht seinem Vater Vorwürfe. Was hätte der Vater anders machen können?
Die Ausdrücke im Kasten helfen dir.
Beispiel: Vielleicht hätte er weniger von Moon fordern können.

d) Wie hat euch die Mathematikstunde gefallen? Sprecht darüber in der Klasse.

mehr Verständnis für Moons Probleme haben   weniger streng sein   sich mit ihm über Fußball unterhalten   ab und zu Pizza essen gehen   auch mal bei den Aufgaben helfen   ~~weniger fordern~~   netter sein   auch mal etwas Gutes über die Realschule sagen   Moon ab und zu loben

B SCHULALLTAG

B1 *Umwelt-Aktion in der Schule*
Schüler setzen sich für ihre Umwelt ein.

Das Anne-Frank-Gymnasium in Kassel hat einen schönen Schulhof mit einem Teich. Alles sieht sehr sauber aus.

Das war vor kurzer Zeit noch ganz anders: Alles war übersät mit Papier, Getränkedosen, kaputten Flaschen und anderen Abfällen. Davon hatten die Schüler der 9. Klasse endlich genug. Ihre Idee: Wir machen eine Müll-Aktion. Dazu bekamen sie eine Woche lang täglich eine Freistunde. Die ganze Aktion hielten sie auf Fotos fest.

Montag

Montag

Dienstag

Mittwoch

Donnerstag

Freitag

a) Ordne den Fotos die passenden Stichwörter zu.

- Petra / Abfälle unter den Büschen entdecken

  - Peter und Florian / den Müll mit den Händen aufsammeln

- Thomas / die Arbeit verteilen jeder / eine Aufgabe bekommen

  - Marius / eine Hacke benutzen Tobias / einen Stock brauchen

- Karola und Heike / viele Glasscherben finden / in einem Eimer sammeln

5 Petra / eine Hacke nehmen die Abfälle unter den Büschen herausholen

  - Jan und Michael / Abfälle in eine Plastiktüte werfen

- der Teich / sehr schmutzig sein / viel Arbeit geben (es)

- Uta und Katharina / den Müllsack halten der letzte Eimer Müll / in den Sack kommen die Schüler / die vollen Müllsäcke wegtragen

  - Monika / den Platz vor dem Eingang fegen

b) Schreib einen Bericht über die Müll-Aktion. Benutze das Präteritum.

Vor einigen Wochen machten die Schüler der 9. Klasse des Anne-Frank-Gymnasiums in Kassel eine Müll-Aktion auf dem Schulhof. Von Montag bis Freitag hatten sie dafür jeden Tag eine Stunde frei. Am Montag ...

In geschriebenen Texten (Erzählung, Tagebuch, Märchen, Bericht) nimmt man für die Vergangenheit meistens das **Präteritum**.

AB
13-14

B2 *Rede eines Abiturienten*

a) In Deutschland gibt es jedes Jahr an den Gymnasien eine Abschlußfeier für die Abiturienten. Dazu gehört auch eine Abiturientenrede. Stell dir vor, du wärst in dieser Situation. Worüber würdest du sprechen? Notiere.

b) Hör die Rede eines Abiturienten. In welcher Reihenfolge spricht er über die folgenden Themen?

▨	Bedeutung der Gymnasialzeit
▨	Oberstufenkurse
▨	seine Gefühle über die Schulzeit
▨	Klassenräume und Unterrichtsmaterialien
▨	Kontakte der Schüler untereinander
▨	Einsatzbereitschaft der Lehrer und Lehrerinnen
▨	Anzahl der Schüler in den Klassen

c) Hör die Rede noch einmal. Was sagt er zu den Themen aus b)? (Es ist immer nur eine Antwort richtig.)

A Heizung kaputt: kalte Klassenräume

B moderne Klassenräume, große Auswahl an Unterrichtsmaterialien

C zu wenig Fachräume und Unterrichtsmaterialien

A zu viele Schüler in den Klassen

B Klassen sind kleiner als früher

C zu wenig Schüler: keine neuen Lehrer

A neue Kurse auch während des Schuljahres

B Wenn ein Kurs zu wenige Schüler hat, findet er nicht statt.

C großes Angebot an Kursen

A manchmal sinnvolle Vorschläge für die schulische Arbeit

B nicht viel Verständnis für die Schüler

C haben sich gut um die Schüler gekümmert

A hat die Entwicklung der Schüler in vielen Bereichen positiv beeinflußt.

B hat keine große Rolle für die Entwicklung der Schüler gespielt

C Viele Konflikte haben die Entwicklung der Schüler negativ beeinflußt.

A Schüler und Schülerinnen kannten einander kaum.

B Schulfreundschaften halten nicht lange

C viele Freundschaften während der Schulzeit

A ist froh, daß seine Schulzeit jetzt zu Ende ist.

B ist etwas traurig, weil er viele positive Erinnerungen an seine Schulzeit hat.

C möchte am liebsten noch länger zur Schule gehen.

C AGGRESSION UND GEWALT IN DER SCHULE

C1 Zeitungsmeldungen

Erpressung, Körperverletzung – immer mehr Schüler sind davon bedroht. Die Täter: auch Schüler, meistens nicht älter als ihre Opfer.

a) Klärt mit Hilfe des Wörterbuchs die Bedeutung von *Erpressung, Körperverletzung, Täter* und *Opfer*.

b) Lies die beiden Ausschnitte aus Zeitungsmeldungen. In welchem Text geht es um Körperverletzung, in welchem um Erpressung? Wer sind die Täter, wer die Opfer?

> Kevin ist vierzehn Jahre alt und hat Angst vor der Schule. Er weiß, was die kräftigen Jungen wollen, die jeden Morgen am Schultor auf ihn warten. Er soll ihnen Zigaretten mitbringen, „sonst verprügeln sie mich".

> Ohne Grund wurde der fünfzehnjährige Hauptschüler Michael K. auf dem Schulhof von einem Mitschüler, der nur zwei Jahre älter war als er, zusammengeschlagen. Er wehrte sich nicht, „weil dann die anderen Jungen gekommen wären, gegen die ich keine Chance gehabt hätte". Jetzt bleibt Michael in der Pause meistens in der Klasse, wo er sich sicherer fühlt.

C2 Zwei Schüler berichten

Mehr als die Hälfte der Schüler der Klassen 7 bis 10 in Berlin berichten von immer mehr Gewalt in der Schule. Jan (16 Jahre) und Jörg (17 Jahre) von der Berliner Karl-Brögel-Hauptschule erzählen.

Jan

Früher bin ich immer gern in die Schule gegangen. Aber das ist jetzt anders. Ich habe auf dem Schulweg jeden Tag Angst. Und so geht es nicht nur mir. Es gibt einige Mitschüler, die von uns Geld wollen. Sonst drohen sie uns mit Prügel. Das Schlimme ist: Niemand kann uns helfen. Nicht die Lehrer, und die Eltern auch nicht. Und die Polizei kann uns auch nicht ständig beschützen. Sobald einer von uns alleine ist, wird er zusammengeschlagen. Es gibt nur einen Weg, man muß unter Freunden zusammenhalten. So kann man sich ein wenig schützen. An manchen Tagen sind in unserer Klasse über die Hälfte der Schüler nicht da. Die meisten haben einfach Angst.

Jörg

Meine Eltern kann ich vergessen – die haben sich noch nie um mich gekümmert. Mein Vater ist nie zu Hause. Meine Mutter hat keinen Job, ist aber auch den ganzen Tag unterwegs. Zu Hause war es immer langweilig. Heute bin ich in einer Gang. Das kam, als ich Volker und Martin kennengelernt habe. Wir sitzen oft vor dem Fernseher, sehen Actionvideos, so richtig harte Filme. Oder wir machen Videospiele in Kaufhäusern. Durch die Gang sind wir stark, da sind wir wer. Und die anderen respektieren uns. In der Schule ist doch nichts los. Den Unterricht kannst du total vergessen. So machen wir uns eben unsere Action selbst. Ab und zu mal eine Prügelei – das gehört einfach dazu. Und alle nehmen uns ernst. Wenn du nicht zuerst zuschlägst, hast du keine Chance. Uns kann keiner was anhaben[1]. Meine Freunde und ich – das ist echt cool.

[1] jdm. etw. anhaben: ugs. jdm. schaden

a) Schreib die richtigen Antworten in dein Heft.
(Auf einige Fragen findest du nur in einem der beiden Texte eine Antwort.)

	Jan	Jörg
Geht er gern zur Schule? Warum (nicht)?		
Wie reagieren er und/oder seine Mitschüler auf Gewalt in der Schule?		
Wen kann er bei Problemen mit Mitschülern um Hilfe bitten?		
Was für eine Rolle spielen seine Freunde?		
Wie verbringt er seine Freizeit?		

b) Worüber wird in den Texten berichtet? Ergänze die Sätze mit den Ausdrücken im Kasten. (Drei bleiben übrig.)

Über …
1 einen Schüler, ▨ Schlägereien toll findet.
2 einen Schüler, ▨ einige Mitschüler erpressen.
3 einen Schüler, ▨ Eltern keine Zeit für ihn haben.
4 Schüler, ▨ gewalttätig sind.
5 Schüler, ▨ Mitschüler mit Prügel drohen.
6 Schüler, ▨ die Mitschüler Angst haben.
7 eine Klasse, ▨ viele Schüler aus Angst nicht zum Unterricht kommen.
8 Erwachsene, ▨ die Jugendlichen keine Hilfe erwarten können.

für den	wo	denen	den	der
das	dessen	von denen	vor denen	
dem	die			

GR3   Relativsätze

a) Das Relativpronomen

	maskulin	neutrum	feminin	Plural
Nominativ	der	das	die	die
Akkusativ	den	das	die	die
Dativ	dem	dem	der	denen
Genitiv	dessen	dessen	deren	deren

Zum Vergleich: der bestimmte Artikel

	m	n	f	Plural
Nominativ	der	das	die	die
Akkusativ	den	das	die	die
Dativ	dem	dem	der	den
Genitiv	des	des	der	der

b) Präposition + Relativpronomen

Es gibt einige Schüler, vor denen die Mitschüler Angst haben.
(Die Schüler haben *vor ihnen* Angst.)

c) wo / Präposition + Relativpronomen (lokale Bedeutung)

Jetzt bleibt Michael immer in der Klasse,   wo er sich sicher fühlt.
in der er sich sicher fühlt.
(Er fühlt sich *in der* Klasse sicher.)

d) Wortstellung

1. Der Relativsatz steht meistens direkt hinter dem Nomen:

   Der Zeitungsartikel berichtet über einen 14jährigen Schüler. Er *hat* Angst vor der Schule.
   Der Zeitungsartikel berichtet über einen 14jährigen Schüler, der Angst vor der Schule *hat*.

   Die Jungen wollen von Kevin Zigaretten. Die Jungen *warten* jeden Morgen am Schultor.
   Die Jungen, die jeden Morgen am Schultor auf Kevin *warten*, wollen von ihm Zigaretten.

2. Der Relativsatz steht nicht direkt hinter dem Nomen:

   Dann wären die anderen Jungen *gekommen*. Er *hätte* gegen sie keine Chance gehabt.
   Dann wären die anderen Jungen *gekommen*, gegen die er keine Chance gehabt *hätte*.

   Nicht gut: Dann wären die anderen Jungen, gegen die er keine Chance gehabt hätte, *gekommen*.

AB
15-19 →

C3 *Gesprächsrunde zum Thema*

Im Vormittagsmagazin des Bayerischen Rundfunks spricht die Journalistin Annemarie Großmann mit Experten über das Problem der Gewalt an den Schulen. Ihre Gäste sind:
Gabriele Strauch, Lehrerin; Manfred Lose, Lehrer; Werner Kratzer, Rektor; Inge Weber, Erziehungsberaterin; Kurt Meißner, Kriminalhauptkommissar

a) Lies die Aussagen und hör dann das Gespräch. Wer sagt das?

1 Lehrer und Eltern sind passiv.
2 Lehrer diskutieren zu viel mit den Schülern.
3 Unfreundliche Schulgebäude verstärken Aggressionen.
4 Jugendliche wollen so sein wie die brutalen Helden im Film.
5 Wenn Schüler sich im Unterricht langweilen, werden sie leicht aggressiv.
6 Eltern haben oft zu wenig Zeit für ihre Kinder.
7 Gewalt sollte ein Thema im Unterricht sein.

b) Hör das Gespräch noch einmal. Welche Lösungen schlagen die Gesprächsteilnehmer vor? Notiere Stichwörter.

c) Hörerbrief

   Du hast die Sendung im Radio gehört. Schreib einen Brief an den Bayerischen Rundfunk. Beziehe dich auf die Sendung.
   Schreib darüber,
   – aus welchem Land du kommst,
   – was für eine Schule du besuchst,
   – ob es ähnliche Probleme an deiner Schule gibt,
   – was du von den Meinungen der Gesprächsteilnehmer über die Ursachen von Aggressionen hältst,
   – wie du die vorgeschlagenen Lösungen beurteilst,
   – welche Vorschläge du zur Bekämpfung von Gewalt machen würdest.

Absender

Ort, Datum

Empfänger

Betreff

Sehr geehrte Damen und Herren,

Mit freundlichen Grüßen
Unterschrift

D ÄRGER IN DER SCHULE

Der folgende Text ist aus dem Buch *Ich bin eine Wolke* von Dagmar Kekulé.

Das Buch handelt von der 15jährigen Paulina Hummel, die allein in einer Wohnung wohnt. Ihre Mutter ist alkoholabhängig und lebt in einem Heim für Alkoholkranke.
Paulina besucht seit fünf Jahren das Gymnasium. Sie ist mit Sonja Frank befreundet, die auch in der Klasse neben ihr sitzt.

Dagmar Kekulé ist ausgebildete Kindergärtnerin und Jugendleiterin. Sie war Erzieherin in einem Heim für schwer erziehbare Mädchen in München. Seit 1968 ist sie als Schriftstellerin tätig. Sie schrieb Drehbücher zu Spielfilmen (u.a. für den Kinofilm „Kraftprobe", der nach dem vorliegenden Buch entstand).

Rückgabe der Klassenarbeit

In dem folgenden Textausschnitt gibt Frau Schwertfeger, die Mathematiklehrerin, die Klassenarbeiten zurück. Sie hat zuerst die Arbeiten mit den guten Noten verteilt.

a) Was wird wohl in diesem Text stehen? Wie verhalten sich Schüler und Lehrer vor, während und nach der Rückgabe von Klassenarbeiten? Sammelt eure Ideen an der Tafel und vergleicht sie mit dem folgenden Textabschnitt.

S onja zupft mich nervös am Ärmel: „Paulina, das gibt's doch nicht." „Ruhig Blut, Sonny, das ist bestimmt ein Irrtum", flüstere ich zurück. Aber unruhig bin ich auch. Sonja hat
5 zwei Nachmittage mit mir gebüffelt, eine Aufgabe ist richtig, das weiß ich genau. Irgendwas ist da nicht in Ordnung. „Soweit die Fünfen. Was jetzt kommt, ist ein trauriges Beispiel für Teamarbeit. Zwei ganz Schlaue wollten mich für
10 dumm verkaufen[1]. Da müßt ihr schon früher aufstehen, Hummel und Frank!"
„Beide Note Sechs[2] wegen Betrug."
Sonja ist aufgestanden. Ich geh nach vorn und hol unsre Blätter. Rot auf weiß, zweimal die
15 Sechs.
Ich setz mich erst mal hin.
Aber Sonja steht noch immer, und als ich ihr Gesicht seh, das ganz weiß ist, und die Träne, die langsam herunterläuft, steh ich wieder auf:
20 „Frau Professor Schwertfeger, wollen Sie uns bitte erklären …"

„Da ist nichts zu erklären", unterbricht sie scharf. „Ihr wißt, warum ihr das verdient habt."
Die Klasse ist plötzlich mucksmäuschenstill.
„Nun Frank, für dich tut es mir leid, denn du 25
hast alle Aufgaben richtig, und ich weiß, du hast die Hummel nur aus Mitleid abschreiben lassen. Woran ich das gemerkt habe?
Es gibt zwei Möglichkeiten, die Rechnung B zu lösen, eine einfache und eine komplizierte. Du 30
hast als einzige in der Klasse – als einzige von 39 Schülerinnen – die schwierige Art gewählt. Genau wie deine Nachbarin Hummel, die bislang von quadratischen Gleichungen[3] keinen blassen Schimmer[4] hatte." 35
Man merkt direkt, wie sie damit bei der Klasse ankommt. Sonja fängt an zu schluchzen. „Ich kann wirklich nichts dafür. Das war nur ein Zufall[5], und zwar …"
„So, ein Zufall also. Und warum weinst du 40
dann? Wenn du ein reines Gewissen hättest, würdest du ganz anders reagieren."
Ich puff Sonja in die Seite. „Sag doch, wie's war."
„Da gibt es gar nichts zu flüstern, Hummel", hör ich die Schwertfeger rummotzen[6]. 45

[1] für dumm verkaufen: belügen
[2] Note Sechs: die schlechteste Note
[3] quadratische Gleichung: $a^2 + b^2 = c^2$
[4] keinen blassen Schimmer hatte: nichts wußte
[5] Zufall: nicht geplantes Ereignis
[6] rummotzen: ugs. schimpfen

Lesetip
Die Überschrift oder der Titel geben dir meistens schon Informationen zum Thema. Du kannst dir schon vor dem Lesen Gedanken darüber machen. Das, was du zu diesem Thema weißt, hilft dir, den Text zu verstehen.

b) Warum hat Frau Schwertfeger Paulina und Sonja eine schlechte Note gegeben?
Wie reagieren die beiden auf ihre Noten? Warum finden sie die Noten ungerecht?

Ordne die Sätze einander zu und gib die entsprechenden Textstellen an. (Zwei Sätze bleiben übrig.)

1 Paulina glaubt nicht, daß sie eine schlechte Arbeit geschrieben hat,

2 Frau Schwertfeger ist sicher, daß Paulina und Sonja zusammengearbeitet haben,

3 Die beiden Mädchen sind traurig und wütend,

4 Sonja hat eine Sechs bekommen,

5 Paulina hat eine Aufgabe auf eine schwierige Art ausgerechnet,

6 Sonja versucht, der Lehrerin zu erklären, daß Paulina nicht von ihr abgeschrieben hat,

▨ weil Sonja Paulina bei der Klassenarbeit geholfen hat.

▨ weil die Lehrerin ihnen etwas vorwirft, was sie nicht getan haben.

▨ obwohl sie keinen Fehler in der Mathematikarbeit gemacht hat.

▨ aber sie glaubt ihr nicht.

▨ weil sie nur eine Aufgabe falsch hat.

▨ und gibt ihnen zur Strafe die schlechteste Note.

▨ weil Sonja ihr Nachhilfeunterricht gegeben hat.

▨ obwohl sie eigentlich in Mathematik nicht gut ist.

c) Lies die beiden Textabschnitte.

> Ich heb den Finger. „Ich möchte was dazu sagen.“
> „Nur zu, Hummel, dazu hat hier jeder das Recht. Schließlich sind wir eine demokratische Schule.“
50

? ? ?

> Ich steh draußen in dem langen Gang mit den vielen Türen ... 5a, 5b, 5c, 5d ... und habe allen Mut verloren. Mir ist
100 hundeelend[1]. Was soll ich noch beim Direktor. Der glaubt mir ja doch nicht.
> Für heute hab ich die Nase voll[2] und geh nach Hause.
> Ach Sonja, gemeinsam wären wir stark ge-
105 wesen!

[1] hundeelend: ugs. sehr schlecht
[2] die Nase voll: ugs. Ich hab' genug./Ich will nicht mehr.

Was könnte zwischen Zeile 50 und 97 passieren?
Schreib den Text.
Was sagen die Personen (Paulina, Sonja, die Lehrerin, die Klasse)?
Wie verhalten sie sich?

SCHULE

d) Lies, was tatsächlich passiert, und vergleiche mit deinen Vermutungen.

„Ich hab die Rechnung B ganz allein gerechnet. Sonja gibt mir Nachhilfe in Mathe. Sie hat's mir auf eine bestimmte Art erklärt, und so hab ich's begriffen. Das ist die Wahrheit. Sonja verdient

55 eine Eins, weil sie alles richtig hat, und ich muß mindestens eine Vier kriegen."

„Ach, so ist das! Den Stoff bringt dir deine Freundin bei, und das Notengeben besorgst du selbst. Dann kann ich ja nach Hause gehn,

60 nicht wahr? Setzen!"

Aber ich setz mich nicht. Ich nehm unsere Mathearbeiten, geh nach vorn und leg sie auf den Pult. „Sie können nicht beweisen, daß ich abgeschrieben habe. Bitte korrigieren Sie unsere

65 Noten."

Unheimlich cool ist das rausgekommen. Der Schwertfeger bleibt erst mal die Spucke weg[1]. Hoffentlich für immer, denk ich.

Aber schon legt sie wieder los:

70 „Hummel! Meinst wohl, du kannst mir vorschreiben, was ich zu tun habe. Die Sechs bleibt eine Sechs, basta!"

Laß nicht nach, Paulina! Wenn du jetzt 'n Rückzieher machst[2], ist alles aus. Ich dreh

75 mich zur Klasse um und seh, wie mich alle anstarren. Nicht bloß neugierig. Die erwarten was. Ob sie merken, wieviel Angst ich habe?

Ich geh an meinen Platz zurück und pack die Schultasche. „Kommst du mit, Sonja?" sag ich laut für die Schwertfeger. „Ich gehe zum Direktor." 80

Sonja schüttelt ängstlich den Kopf und flüstert: „Nein, jetzt nicht."

Das hätt ich mir denken können. „Klar, was macht dir auch schon 'ne Sechs aus. Na schön, 85 dann mach ich's eben allein."

Ich nehm meine Tasche und geh nach vorn. Ich stell mich vor die Schwertfeger hin.

„Wenn ich 'ne Sechs in Mathe kriege, fall ich durch. Nur weil Sie mir 'ne Note gegeben 90 haben, die ich nicht verdiene. Sie haben nicht das Recht, mir meine Zukunft zu vermasseln[3]."

„Mach dich nicht lächerlich, Hummel. Für seine Zukunft ist jeder selbst verantwortlich. Ich kann dir nicht helfen, es hat einfach keinen 95 Sinn mehr mit dir."

[1] die Spucke bleibt mir weg: ugs. ich weiß nicht, was ich sagen soll
[2] einen Rückzieher machen: ugs. einen Plan aufgeben
[3] vermasseln: ugs.: verderben/zerstören

e) An der Schule gibt es eine Schülervertretung, die sich um Schulprobleme kümmert. Schreib aus Paulinas Perspektive an die Schülervertretung,

– was in der Mathestunde passiert ist,
– wie sie das Verhalten der Lehrerin findet,
– was eine Sechs für sie bedeutet,
– was sie anfangs tun wollte, und warum sie es dann doch nicht getan hat,
– was die Schülervertreter für sie und ihre Freundin tun könnten.

AUSSEHEN

Hör die Ansagen des Moderators.
In welcher Reihenfolge treten die Leute auf?
Aus welcher Zeit stammt ihre Kleidung?

A1 *Start frei zur Girl- und Boy-Wahl*

Wer wird das Girl des Jahres? Wer wird der Boy des Jahres?

a) Welches Mädchen und welchen Jungen findest du am schönsten? Begründe deine Entscheidung. Die Redemittel im Kasten helfen dir dabei.

1 | Jenni K. (17)

3 | Silke I. (18)

Auf geht's in die letzte Runde der Girl- und Boy-Wahl. Aus Tausenden von Einsendungen wurden fünf Mädchen und fünf Jungen ausgesucht, die in die Endausscheidung kommen. Schaut euch die Kandidaten/innen gut an und schreibt die Startnummer eures Lieblings-Girls und Boys auf eine Postkarte, die ihr an GIRL, Kennwort „GIRL- und BOY-Wahl" 80323 München schickt.

5 | Katharina K. (16)

2 | Patricia M. (15)

4 | Monica S. (17)

1 Christian M. (18)

3 Nils B. (18)

2 Jan Sch. (17)

4 Alexander L. (16)

5 Dieter K. (19)

Ich finde, ... sieht am besten aus,
Mir gefällt ... am besten,   } weil ...
... finde ich am schönsten,

einen fröhlichen Gesichtsausdruck

ein anziehendes sympathisches } Lächeln

lange dunkle blonde } Haare

einen schönen vollen sinnlichen } Mund

eine schöne schön geformte } Nase

das „gewisse Etwas"

eine gute sportliche } Figur

viele Muskeln

ausdrucksvolle faszinierende verträumte } Augen

b) Frag deinen Nachbarn / deine Nachbarin, wer ihm/ihr besser gefällt.
   Beispiel:
   ▲ Wer gefällt dir besser? / Wen findest du hübscher, Alexander oder Christian?
   ● Alexander, weil mir blonde Haare besser gefallen als dunkle.

A2 Schönheitsideale

Jugendliche aus verschiedenen Ländern äußern sich dazu.

Ich mag die Schauspielerinnen aus alten Schwarzweiß-Filmen, wie Ava Gardner, **Ingrid Bergmann** oder Katherine Hepburn. Ihre Schönheit bestand nicht nur aus einer guten Figur. Am wichtigsten waren die Eleganz, der Blick, die Augen. Sie konnten lieben oder hassen und alles ohne Worte ausdrücken.
(Aimon Sanchez, Madrid/Spanien)

Ich habe **kein Vorbild**. Schönheit ist nicht wichtig. Der Charakter ist viel wichtiger und interessanter.
(Antonietta Donadoni, Gallarate/Italien)

Mein Vorbild ist der deutsche Sänger **Thomas Anders**. Er hat wunderbare, unheimliche, märchenhafte Augen und herrliche lange Haare. Ich liebe überhaupt lange Haare bei Männern, wenn sie zu ihnen passen.
(Agata Szcygielska, Lodz/Polen)

Fotomodelle mag ich nicht. Ich halte die Mädchen für eingebildet. Außerdem sind sie viel zu stark geschminkt. Am nettesten sind die ganz normalen Mädchen.
(Frank Meidner Rüti/Schweiz)

Ich habe **kein** besonderes **Schönheitsvorbild**. Mir gefallen Jungen, die Bodybuilding machen. Bei Mädchen gefällt es mir nicht.
(Erika Orosiova, Banska Bystrica/Slowakei)

Also, mein Vorbild ist **Claudia Schiffer**. Sie sieht gut aus und hat eine tolle Figur. So möchte ich auch aussehen! Viele Leute glauben, daß Claudia oberflächlich und dumm ist, aber das stimmt nicht! Im Gegenteil: Sie ist unheimlich nett!
(Annette Fischer, Reutlingen/Deutschland)

Ich finde **Julia Roberts** toll, und bei den Männern Richard Gere. Der sieht interessant aus. Ich glaube, als Schauspieler muß man heute eher interessant als schön sein.
(Barbara Lange, Bregenz/Österreich)

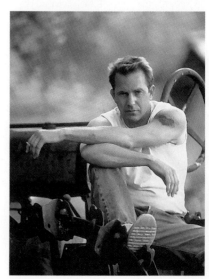

Mein Vorbild ist **Kevin Costner**. Der sieht gut aus. Mir gefallen kurze Haare und lässiges Aussehen. Ich mag keine Angeber, muskelbepackte Typen.
(Michael Ramirez, Toledo/Spanien)

a) Beschreibe dein Schönheitsideal.

b) Wer sagt das? Ergänze die Namen.

1   mag interessante Menschen.
2 Für   sind Menschen mit einem guten Charakter wichtig.
3   hält Claudia Schiffer für sexy, aber auch für intelligent.
4 Für   spielen die Augen eine größere Rolle als eine gute Figur.
5   gefallen muskulöse Typen besonders gut.
6   findet Männer mit langen Haaren attraktiv.
7   mag eingebildete Mädchen nicht.
8   legt großen Wert auf ein gutes Aussehen.

c) Ergänze die Grammatiktabelle in GR1. Die Sätze aus A2b) helfen dir dabei.

GR 1   Adjektiv

a) Deklination (Singular; unbestimmter und bestimmter Artikel)

	maskulin	neutrum	feminin
Nominativ	**ein** guter ▨ Charakter **der** gute ▨	▨ gut▨ Aussehen **das** gute ▨	▨ toll▨ Figur **die** tolle ▨
Akkusativ	**einen** guten ▨ **den** guten ▨	▨ gut▨ **das** gute ▨	▨ toll▨ **die** tolle ▨
Dativ	**ein** ▨ gut▨ **dem** guten ▨	**einem** guten ▨ **dem** guten ▨	**einer** tollen ▨ **der** tollen ▨
Genitiv	**eines** guten ▨ **des** guten ▨	**eines** guten ▨ **des** guten ▨	**einer** tollen ▨ **der** tollen ▨

Unbestimmte Artikelwörter: ein, kein, mein/dein … (Possessivartikel)
Bestimmte Artikelwörter: der, dieser, derselbe, welcher

**Plural:
s. Lektion 1,
GR2**

b) Vergleich

Monica ist schöner als Katharina, aber am schönsten finde ich Silke.
Ich finde, das schönste Gesicht hat Jenni.

Positiv	Komparativ -er	Superlativ -(e)st-	
schön nett	schöner netter	am schönsten am nettesten	der/das/die schönste der/das/die netteste

Ausnahmen:

jung hoch teuer	jünger höher teurer	am jüngsten am höchsten am teuersten	der/das/die jüngste der/das/die höchste der/das/die teuerste
gut gern viel	besser lieber mehr	am besten am liebsten am meisten	der/das/die beste der/das/die liebste der/das/die meiste

Hella ist **genauso alt wie** du.
Jana ist ein Jahr **jünger als** Hella.
Ein guter Charakter ist viel **wichtiger als** Schönheit.
Mit ihren kurzen Haaren sieht sie jetzt ganz **anders** aus **als** früher.
Marina hat **am meisten** CDs in ihrer Klasse.
Die allermeisten Jugendlichen hören in ihrer Freizeit Musik.

(genau)so … wie
-er
anders } als
am meisten
die meisten

c) Stars
Wer könnte das sein?
Beschreibe eine bekannte Persönlichkeit, die dir gefällt. Die anderen raten.

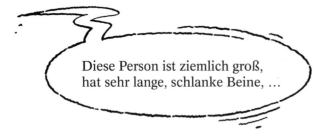

Diese Person ist ziemlich groß,
hat sehr lange, schlanke Beine, …

← AB
1-6

A3 *Thomas*

a) Sieh dir das Bild an.
Was kannst du über Thomas sagen? Was macht er? Wo ist er?

b) Was steht wohl im Text über Thomas?
Sammelt eure Ideen an der Tafel und vergleicht nach dem Lesen, welche Informationen wirklich im
Text stehen.

c) Lies den Text und such alle Wörter heraus, die mit Training und Muskeln zu tun haben. Das sind in diesem Text die Schlüsselwörter. Sie tragen die wichtigsten Informationen.
Was erfährst du über Thomas? Notiere.

Thomas,
der Junge mit den Muskelpaketen

Thomas (19) ist ein Jugendlicher, der für eine gute Figur trainiert. Der Schüler geht in seiner Freizeit regelmäßig in ein Fitneß-Center. Viele junge Leute machen dort Gymnastik, Aerobic, Konditions- und Fit-neßtraining. Oder Bodybuilding – wie Thomas.

Thomas beginnt jedes Training mit Übungen zum Aufwärmen: Kniebeugen und leichtes Hanteltraining. Danach stemmt er leichte und dann immer schwerere Gewichte. Beine, Po, Rücken, Bauch, Brust, Hals und Arme – alle Muskeln sollen möglichst dick werden. Vor dem Spiegel kontrolliert Thomas seine Übungen.

Thomas: „Man bekommt durch Bodybuilding eine gute Figur. Das Training macht mir Spaß, obwohl es sehr anstrengend ist. Ich achte auf viele Dinge, um meine Figur zu verbessern." Thomas will demnächst an Bodybuilding-Meisterschaften teilnehmen, darum ist er fast jeden Tag drei Stunden im Fitneß-Center. Vor einem Wettkampf muß er zunächst ein bestimmtes Körpergewicht erreichen. „Bei mir sind das ungefähr 115 Kilo. Ich esse normalerweise eigentlich alles: Kartoffeln, Nudeln, Reis, Fleisch und Käse. Nur keine Süßigkeiten." Kurz vor dem Wettkampf trainiert Thomas besonders hart und hält Diät. In dieser Zeit ißt er viel Rohkost, Gemüse, Müsli und Joghurt. Dann hat er im Wettkampf ein Gewicht von unge-fähr 105–108 Kilo.

Ruhi (21) trainiert manchmal mit Thomas zusammen. Er findet Männer mit Muskeln gut. „Mein Freund hat eine tolle Figur. Ich mache auch gerne Bodybuilding. Allerdings habe ich nicht so viel Zeit, denn ich arbeite als Bademeister in einem Schwimmbad.

Darum muß ich aufpassen, daß ich nicht so viele Muskeln bekomme. Die stören näm-lich beim Schwimmen."

Nach der Schule will Thomas Informatik stu-dieren. In seiner Freizeit beschäftigt er sich daher auch mit Computern. Bodybuilding will er während des Studiums noch gele-gentlich als Trainingspartner für andere machen.

Und was meinen Thomas Eltern? „Mein Vater ist sportbegeistert und findet Bodybuil-ding gut. Meine Mutter denkt, daß meine Figur zu Beginn des Bodybuilding-Trainings besser war. Einige meiner Freunde bewun-dern meine Figur und sehen auch, wie an-strengend Bodybuilding ist. Andere denken, ich will mit meiner Figur angeben. Jeder hat nun mal eine andere Vorstellung von Schön-heit. Ins Schwimmbad gehe ich allerdings nicht so gern. Viele Leute starren mich an und machen dumme Bemerkungen. Ich finde, Bodybuilding ist nichts für Mädchen. Ich mag keine Mädchen mit Muskeln." ■

40
45
50
55
60

Lesetip

Schlüsselwörter

Um einen Text zu verstehen, brauchst du nicht jedes Wort zu kennen. Du kannst mit Hilfe von Schlüsselwörtern einen Text global verstehen, d.h. die wichtigsten Textaus-sagen. Und so erkennt man die Schlüsselwörter:
- Sie stehen meist schon im Titel oder Untertitel, z.B. der Junge mit den Muskelpaketen.
- Sie kommen im Text oft vor, z.B. Training, trainieren.
- Sie werden durch Um-schreibungen ersetzt, z.B. im Fitneß-Center sein statt trainieren.
- Sie werden mit Beispielen erklärt, z.B. Übungen zum Aufwärmen: Kniebeugen, stemmt Gewichte.

c) Gespräch mit Ruhi
Thomas hat bei den Bodybuilding-Meisterschaften den ersten Preis gewonnen.
Viele Jugendliche wollen nun etwas über Thomas erfahren. Du bist Ruhi und
beantwortest ihre Fragen.

> Trainiert er viel?

> Thomas möchte wahrscheinlich Leistungssportler werden, oder?

> Finden eigentlich alle Leute Muskeln schön?

> Ist das Training eigentlich sehr anstrengend?

> Muß man sich eigentlich als Bodybuilder besonders ernähren?

> Es ist doch sicher auch für andere Sportarten gut, wenn man viele Muskeln hat, oder?

> Warum macht er Bodybuilding?

← AB / 7

A4 *„Samstagabend"*

a) Was machst du, wenn du in die Disco gehst?
Wie bereitest du dich darauf vor?

Samstagabend

Ich finde meine neue Hose nicht.
Die Tube mit der natürlichen Bräune ist leer.
Der Lidstrich ist verwischt.
Mist, der Nagellack war noch nicht trocken.

Trotzdem geschafft
Nun noch das coole Lächeln aus der Schublade
geholt
Zufriedenheit unter toupiertem Haar
Personifizierte Vollkommenheit

Doch vor der Disco
tickt mir jemand auf die gepolsterte Schulter:
Es ist die Angst,
daß mein Make-up Risse bekommt.

Claudia Schulze (18 Jahre)

b) Warum hat das Mädchen Angst, was meinst du?

A5 *Psycho-Test*

Bist du im **SCHÖNHEITS-**

a) Macht den Test in Partnerarbeit, und wertet ihn aus.

① Du würdest noch nicht einmal zum Einkaufen ungekämmt aus dem Haus gehen.

a) Stimmt   b) Stimmt nicht

② An Tagen, an denen du nicht so gut aussiehst wie sonst, sinkt dein Selbstwertgefühl fast auf den Nullpunkt.

a) Stimmt   b) Stimmt nicht

③ Du vergleichst dich ständig mit anderen Gleichaltrigen und fragst, wer besser aussieht als du.

a) Stimmt   b) Stimmt nicht

④ Wenn du das Geld hättest, würdest du sofort wegen irgendeinem Schönheitsproblem zu einem plastischen Chirurgen gehen.

a) Stimmt   b) Stimmt nicht

⑤ Du kontrollierst täglich dein Gewicht.

a) Stimmt   b) Stimmt nicht

⑥ Je schöner ein Mensch ist, desto mehr wird er geliebt.

a) Stimmt   b) Stimmt nicht

⑦ Jugendliche, die nicht sehr auf ihr Aussehen achten, findest du irgendwie unsympathisch.

a) Stimmt   b) Stimmt nicht

⑧ Dir ist es schon passiert, daß du nicht zu einer Verabredung gegangen bist, weil du dich nicht schön genug gefühlt hast.

a) Stimmt   b) Stimmt nicht

⑨ Wenn du drei Wünsche frei hättest, dann würdest du dir an erster Stelle Schönheit wünschen.

a) Stimmt   b) Stimmt nicht

⑩ Dein Traumberuf wäre Model bzw. Dressman.

a) Stimmt   b) Stimmt nicht

⑪ Wenn du attraktiver wärst, hättest du sicher weniger Liebeskummer.

a) Stimmt   b) Stimmt nicht

⑫ Die meisten Fotos von dir würdest du am liebsten gleich verbrennen.

a) Stimmt   b) Stimmt nicht

Für jedes „Stimmt" bekommst du 10 Punkte.
Für jedes „Stimmt nicht" bekommst du 0 Punkte.

Auswertung:

120–100 Punkte:
Wenn in deinem Leben etwas nicht klappt, meinst du immer gleich, daß dein Aussehen daran schuld ist. So stehst du ständig unter dem Streß, daß du vielleicht nicht schön genug bist. Deshalb denkst du nie darüber nach, welche Fehler du wirklich machst. Vorschlag: Kümmere dich ruhig um dein gutes Aussehen, mach dich schön, aber dann solltest du es vergessen. Denn der Streß macht dich verkrampft. Andere fühlen das und distanzieren sich von dir – und zwar wegen deinem Verhalten, nicht wegen deinem Aussehen!

90–60 Punkte:
Für dein Selbstbewußtsein ist es sicher wichtig, daß du mit deinem Aussehen zufrieden bist. Aber zum Glück beeinflußt nicht nur deine Attraktivität deine Stimmung. Das kann aber passieren, wenn du verliebt bist und für deinen Freund oder deine Freundin besonders schön sein willst. Dann kommst du leicht unter Konkurrenzdruck zu anderen. Du solltest dir klarmachen, daß es immer jemanden geben wird, der schöner ist als du, aber nicht unbedingt sympathischer!

Bis 50 Punkte:
Klar, auch du möchtest schön sein. Und Schönheitsstreß hättest du auch schon. Aber du läßt dich nicht verrückt machen und verlierst deinen Humor nicht. Von einem Pickel oder drei Kilo zuviel auf der Waage läßt du dir deine Laune nicht so schnell kaputtmachen. Man sieht dir an, daß du dich meistens mit dir selbst wohlfühlst, und das macht dich attraktiver als eine perfekte Figur oder das schönste Gesicht der Welt.

b) Gibt es in eurem Land auch solche Tests in den Zeitschriften? Wie findet ihr sie? Diskutiert darüber in der Klasse.

AB →
8

B KLEIDUNG

B1 *Die Entstehungsgeschichte der Jeans*

a) Hör den Text, und ordne die Bilder in der richtigen Reihenfolge.

b) Hör den Text noch einmal. Ordne die Aussagen den Bildern zu.

1 in großen Mengen blaue Arbeitshosen produzieren und verkaufen
2 Baumwollstoff blau färben
3 im Alter von 18 Jahren nach Amerika auswandern
4 sehr viel Geld verdienen
5 nicht nach Gold suchen wollen, Händler werden und den Goldgräbern braunen Zeltstoff verkaufen
6 eine große Firma gründen
7 die Hosentaschen der Arbeitshosen: leicht kaputtgehen
   Schneider Davis: Ecken der Hosentaschen „festnieten"
8 in Amerika reich und glücklich werden wollen

c) Schreib die „Entstehungsgeschichte" der Jeans.

> Im Alter von 18 Jahren wanderte Levi Strauss
> nach Amerika aus ...

B2 Jeans – ein Kleidungsstück für alle

a) Such für jeden Artikel eine passende Überschrift.

①

„Oder kann sich einer ein Leben ohne Jeans vorstellen? Jeans sind die edelsten Hosen der Welt. Dafür verzichte ich doch auf die ganzen synthetischen Lappen [...]. Ich meine natürlich echte Jeans. Es gibt ja auch einen Haufen Plunder, der bloß so tut wie echte Jeans. Echte Jeans dürfen zum Beispiel keinen Reißverschluß haben vorn. Es gibt ja überhaupt nur eine Sorte echte Jeans. Wer echter Jeansträger ist, weiß, welche ich meine. Was nicht heißt, daß jeder, der echte Jeans trägt, auch echter Jeansträger ist. [...] Ich meine, Jeans sind eine Einstellung und keine Hosen. [...]"

So philosophiert Edgar Wibeau, der Held im Roman *Die neuen Leiden des jungen W.* (erschienen 1973) von Ulrich Plenzdorf (*1934). Der Autor läßt seinen Helden auf der Suche nach sich selbst ,aussteigen'. Edgar verläßt seinen Arbeitsplatz und seine Mutter. Er fährt nach Berlin und wohnt dort in einem Gartenhäuschen. Zu seiner neuen Lebensart gehören – logisch – Jeans.

④

Jeans zu tragen heißt: jung sein, frei sein, stark sein ... Das soll für alle gelten. Jeans also auch für die Erwachsenen. Eltern und ihre Kinder in den gleichen „Klamotten". Für Jeans-Träger gibt es keine Altersgrenzen, auch keine Ländergrenzen und keine sozialen Unterschiede. Jeans für Arbeiter, Manager und Könige.

⑤

„Was ist euer liebstes Kleidungsstück?" Die Antwort der meisten jungen (und älteren) Leute in Deutschland ist oft dieselbe: „Jeans natürlich!" Der deutsche Auswanderer Levi Strauss hat die blauen Jeans vor 100 Jahren in Amerika erfunden. Seither ist die blaue Hose auf der ganzen Welt beliebt. Jeans haben schon viele Trends mitgemacht: In den 70er Jahren gab es Jeans „mit Schlag" (mit sehr weiten Beinen), in den frühen 80ern die „Karottenjeans", seit den 50ern die „Röhrenjeans", später den „stone-washed"-Stil. Löcher, Risse, Flicken – Jeans sind immer im Trend.

②

„Mit Jeans ist man einfach immer flott und richtig angezogen." Das meint Sybille, Jungschauspielerin in einer TV-Serie. „Wenn ich zu den Dreharbeiten fahre, trage ich immer Jeans. Aber auch in der Schule oder in der Freizeit sind Jeans gut. Man kann sie mit vielen anderen Kleidungsstücken kombinieren."

③

Die Leute erleben ein „blaues Wunder" – Indigo-Blau. Der Stoff-Faden wird nur außen gefärbt. Innen bleibt er weiß. Deshalb werden Indigo-Jeans mit der Zeit beim Waschen heller und bleichen aus. Schon bald ein „Muß" für jeden Jeans-Fan. Wer nicht so lange warten will, bleicht seine geliebte Hose selber. Zum Beispiel in der Badewanne mit heißem Salzwasser.

⑦

Sie sind modisch, bequem und witzig: blaue Jeans. Doch das ist noch nicht alles – Jeans sind auch gut für die Gesundheit! Forscher der deutschen Universität Fulda fanden heraus: Der Jeans-Farbstoff Indigo stärkt das Immunsystem des Körpers und verhindert so Allergien. Jetzt wollen die Wissenschaftler aus Fulda sogar ein Allergiemedikament aus der Indigopflanze entwickeln!

⑥

Es begann mit James Dean. In dem amerikanischen Film *Denn sie wissen nicht, was sie tun* spielt er einen Teenager – natürlich in Jeans –, der von seinem Vater nicht verstanden wird. Und die Jugendlichen, die ihn imitieren, wissen genau, was sie wollen: Sie wollen nicht mehr lieb und nett sein, brav und schick aussehen wie die „Alten". Sie kämpfen gegen ihre Eltern, Lehrer und andere Autoritäten. Jeans sind nicht mehr nur Kleidung, sondern ein Symbol des Protests gegen einen bürgerlichen Lebensstil oder die bürgerliche Politik. Jeans, die Kleidung der Schüler und Studenten, der Kriegsgegner, Demonstranten, Hippies, Alternativen.

b) Eine Jugendzeitschrift sammelt Berichte und Meinungen zur Jeansmode aus verschiedenen Ländern. Schreib dazu einen kleinen Artikel.

B3 **T-Shirts selbst bedrucken**

Ihr könnt eure T-Shirts selbst bedrucken. Das ist ganz einfach und kostet nicht viel. Ihr braucht dazu:
- ein weißes T-Shirt
- Textilfarben
- Filzstift, Pinsel, saugfähiges Papier (Seiden- oder Zeitungspapier)
- ein Küchenmesser
- möglichst runde Kartoffeln.

Und so wird das T-Shirt bedruckt:

a) Die Bildunterschriften stehen nicht unter den passenden Fotos. Ordne sie zu und bring alles in die richtige Reihenfolge.

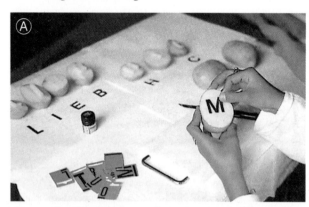

Was gedruckt werden soll, ist hoch. Rundherum wird etwa ein Zentimeter dick weggeschnitten. Dann wird der Stempel angemalt.

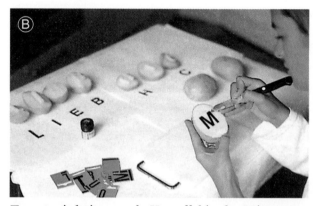

Zuerst wird eine runde Kartoffel in der Mitte durchgeschnitten.
Mit einem Filzstift wird ein Symbol aufgezeichnet oder eine Schablone aufgelegt.

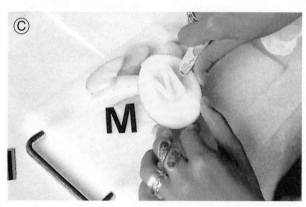

Vor dem Druck wird Papier in das T-Shirt gelegt, damit nicht das ganze Hemd gefärbt wird.
Jetzt kann gedruckt werden.
Wenn das T-Shirt ganz trocken ist, wird ein Stück Papier auf die bedruckten Stellen gelegt, und das T-Shirt wird gebügelt.

Mit einem Messer wird am Rand des Symbols eingeschnitten.

b) Erkläre einer Freundin oder einem Freund, wie du das T-Shirt bedruckt hast.

Also, man braucht dazu ...
Zuerst habe ich einen Stempel hergestellt. Dafür habe ich eine runde Kartoffel genommen und ...

GR2 Passiv (Formen im Präsens)

Hier wird man informiert,
wie ein T-Shirt bedruckt wird:
Eine Kartoffel wird durchgeschnitten.
Dann wird ein Stempel hergestellt und bemalt.

ich	werde	
du	wirst	
er, sie, es	wird	
		informiert.
wir	werden	
ihr	werdet	
sie, Sie	werden	
	werden + Partizip II	

Agens im Passiv (selten):
Die T-Shirts wurden **von** der elften Klasse hergestellt.
(Die elfte Klasse hat es getan; sie hat die T-Shirts hergestellt.)

Die Kartoffel wird durchgeschnitten.
Passiv: die Handlung steht im Mittelpunkt.

Die Kinder schneiden die Kartoffeln durch.
Aktiv: die Personen stehen im Mittelpunkt.

AB
9-12 →

B4 *Die Marke macht's!*

Was Jugendliche anziehen

a) Warum bevorzugen viele Jugendliche Markenkleidung?
   Lies ihre Argumente.

Alexander, 16

„Ich finde es toll, modisch ‚in' zu sein. Der Freundeskreis ist dabei wichtig: Meine Freunde tragen auch alle Markenklamotten, die im Trend liegen. Alle die gleichen Marken — so eine Art Uniform. Dafür muß man schon eine Menge Geld ausgeben, aber ich finde, es lohnt sich. Es gibt einfach ein gutes Gefühl."

Timo, 17

„Was soll das ganze Getue um die Markenklamotten? Das sind doch nur Äußerlichkeiten. Nur wer keine Persönlichkeit hat, muß sich hinter so einer Kleidung verstecken. Außerdem sind viele dieser Jugendlichen eingebildet, glauben, daß sie etwas Besseres sind. Nur wegen der Kleidung — das finde ich ziemlich schwach."

Katja, 17

„Du fühlst dich einfach gut, wenn du Markenklamotten trägst und nicht das, was jeder so anhat. Auf diese Weise bist du ‚in', gehörst einfach dazu. Außerdem sieht dann jeder, daß ich mir sowas leisten kann. Es weiß ja niemand, daß ich lange gejobbt habe, um das Geld zusammenzubekommen."

Gaby, 16

„Bei Kleidung kommt es mir vor allem auf die Qualität an. Was hat man davon, wenn man billiges Zeug kauft, und nach ein- zweimal Waschen ist es nicht mehr zu gebrauchen? Markenkleidung hält länger und sieht dazu noch viel besser aus. Lieber kaufe ich mir nicht so viele Kleider, dafür aber gute."

b) Welche ihrer Aussagen sind für, welche sind gegen Markenkleidung? Notiere Pro- und Contra-Argumente.

PRO	CONTRA
Man ist „in".	...

c) Wie denkt ihr über Markenkleidung? Sammelt weitere Argumente dafür oder dagegen und diskutiert darüber in der Klasse.
   Zwei Schüler notieren die wichtigsten Argumente in Stichworten.

C KUNST AM KÖRPER

a) Wie gefallen euch diese Tätowierungen?

b) Tätowierungen – eine Radiosendung über die Kunst am Körper

Lies die Fragen und mach dir beim ersten Hören Notizen dazu.
– Woher kommt das Wort „tätowieren"?
– Wie wird tätowiert?
– Wie teuer ist es?
– Welche Leute lassen sich tätowieren?
– Ist es gefährlich?
– Tut es weh?
– Warum lassen sich z.B. Jugendliche tätowieren?

c) Hör die Sendung noch einmal an und schreib anhand deiner Notizen eine Inhaltsangabe.

d) Die schönsten Hauttattoos
Wenn dir Tattoos gefallen, brauchst du dich nicht unbedingt tätowieren zu lassen. Es gibt jetzt auch Tattoos zum Aufkleben, die mit Eau de Cologne oder Nagellackentferner leicht wieder abgehen.
Wie wird das Tattoo aufgeklebt? Lege die richtige Reihenfolge fest und berichte.

Das gewünschte Motiv entlang der gestrichelten Linie ausschneiden.

Die transparente Folie auf der unbedruckten Seite abziehen.

Das Tattoo mit der Klebeseite nach unten auf die Haut legen und fest auf die Haut drücken.

Nach ein paar Sekunden vorsichtig abziehen.

Gut mit Wasser anfeuchten.

Zuerst wird das gewünschte Motiv entlang der gestrichelten Linie ausgeschnitten.

D BITTERSCHOKOLADE

Der folgende Textausschnitt ist aus dem Jugendbuch *Bitterschokolade* von Mirjam Pressler.

Eva ist dick und ganz sicher, daß alle Leute über
sie lachen und daß niemand sie mag. Ihren Kum-
mer darüber versucht sie mit Essen zu vergessen;
Heringssalat zum Beispiel oder Schokolade. Nur
langsam beginnt sie, Vertrauen zu anderen zu
haben und zu begreifen, daß Dicksein eine Eigenschaft ist wie viele andere auch, die sie nicht von
den anderen trennt.

a) *Probleme mit der Figur* oder *Dicksein ist
schön*?
Lies den ersten Teil des Textes.
Was erfährst du über Eva?
Notiere die Textstellen, die dir darüber Informationen geben,
– wie Eva aussieht,
– wie sie sich deshalb fühlt,
– wie sie gern aussehen möchte.

Mirjam Pressler, 1940 in
Darmstadt geboren, be-
suchte die Hochschule
für Bildende Künste in
Frankfurt, lebt mit ihren
drei Töchtern in Mün-
chen. Für den Jugend-
roman *Bitterschokolade*
bekam sie den *Olden-
burger Jugendbuchpreis*.

Eva und Franziska hatten gelernt, und
dann gingen sie in die Stadt. „Soll ich mit
dir gehen?" hatte Franziska gefragt, als
sie von dem Hundertmarkschein gehört hatte.
5 „Komm, laß mich mitgehen. Ich gehe gern einkaufen."
„Ich weiß aber noch gar nicht, was ich will",
hatte Eva zögernd geantwortet. Wie würde das
sein, anprobieren, wenn Franziska dabei war?
10 Einkaufen mit der Mutter, das war etwas anderes. Die Mutter kannte Eva, schaute nicht auf
den dicken Busen, wußte um die Größe ihres
Hinterns. Franziska, hatte sie vielleicht noch
gar nicht gemerkt, wie dick Eva war? Würde es
15 ihr auffallen, wenn Eva Hosen probierte?
Jeans wollte sie kaufen. Aber vielleicht sollte sie
doch lieber Bücher nehmen? Eigentlich wollte
sie eine Hose und eine Bluse. Sie hatte schon
lange keine Hose mehr gehabt.
20 „Eva, dir paßt sowieso keine. Nimm lieber ein
Kleid", war die Meinung der Mutter. „Ein Faltenrock, oben eng, dann mit Springfalten, das ist
günstig für dich. Und möglichst dunkel. Helle
Farben tragen auf."
25 Eva, aus Angst vor dem Gelächter, aus Angst
vor dem Probieren, aus Angst vor der Erfah-

rung, daß ihr wirklich nichts passen würde,
hatte genickt und wieder einen neuen Rock bekommen.
„Für mich ist es schwer, etwas zu finden", sagte   30
sie zu Franziska.
„Macht nichts. Ich habe Geduld, viel Geduld.
Meine Mutter ist auch schwierig, aber sie mag
es, wenn ich mitgehe. Sie sagt, ich könnte gut
beraten."   35
Sie fuhren mit der Straßenbahn in die Stadt.
Franziska wußte einen kleinen Laden, einen
ganz guten, sagte sie, dort würden sie bestimmt
etwas finden.
Einmal war Eva in einen Jeans-Laden gegan-   40
gen, hatte aufgeregt und beschämt probiert.
„Wenn Ihnen vierunddreißig inch zu klein ist,
probieren Sie doch mal sechsunddreißig inch."
Die Verkäuferin hatte mit einer zweiten Verkäuferin geredet. Eva, in der Kabine, hatte sie   45
nicht verstehen können, so leise hatten sie geredet. Sie hatte nicht gewußt, worüber sie lach-
ten. Eva hatte in der Kabine gestanden und versucht, die Jeans zuzukriegen, und draußen das
Lachen der Verkäuferin, der sicher die Größe   50
neunundzwanzig paßte, einer, die nicht vierunddreißig oder sechsunddreißig probieren

mußte. Neunundzwanzig inch. Wenn Eva das jemals erreichen könnte! Sie hatte in der Kabine gestanden und hatte mit vor Anstrengung gerötetem Gesicht versucht, den Reißverschluß zu schließen. Es ging nicht. Er klemmte. Aber sie wagte nicht, die Verkäuferin zu rufen, die mit der Größe neunundzwanzig, vielleicht hatte sie sogar achtundzwanzig, um sie zu bitten, ihr zu helfen beim Schließen.

Dann war sie zur Kasse gegangen, hatte die Jeans, die vierunddreißiger, auf die Theke gelegt und gesagt: „Ich nehme die." Sie hatte bezahlt und war gegangen. Warum hatte sie das gemacht? Neunundsechzig Mark für nichts, für eine Hose, die ihr zu eng war, die sie nie anziehen konnte, nur weil sie sich schämte zu sagen: „Sie paßt mir nicht." Wie würde es mit Franziska sein?

b) *Wie würde es mit Franziska sein?*
Spekuliert zuerst in der Klasse darüber, und notiert eure Überlegungen an der Tafel.

c) Lies dann den zweiten Teil des Textes.
Vergleicht den Text mit euren Vermutungen.

Der Laden war wirklich ziemlich klein. Eva wäre lieber in einen größeren gegangen, in einen, in dem sie nicht so aufgefallen wäre, eine Kundin unter vielen, nicht jemand, den man besonders beachtet. Aber Franziska schien sich hier wohl zu fühlen. „Hier habe ich schon oft gekauft", sagte sie. „Hier kauf ich gern. Die haben tolle Sachen."
„Das Hemd hier gefällt mir", sagte Eva. Das Hemd war rosa.
„Kauf es dir doch."
„Ich möchte eine Jeans, eine blaue", sagte Eva zu der Verkäuferin. Und sie dachte: So eine helle Hose würde mir viel besser gefallen. So eine ganz helle. Und dazu das rosa Hemd! Schade.
Sie stand in der Kabine und bemühte sich verzweifelt, den Reißverschluß zuzumachen. Es ging nicht.
„Na, was ist?" fragte Franziska von draußen.
„Zu klein."
Franziska brachte die nächste Hose. Noch eine. Sie hob den Vorhang zur Seite und kam herein.
„Hier, probier mal."
„Aber die ist viel zu hell", sagte Eva. „So helle

Farben machen mich doch nur noch dicker."
„Ach was. Helle Farben stehen dir sicher viel besser als das ewige Dunkelblau oder Braun."
Eva wagte nicht zu widersprechen. Sie hoffte, Franziska würde hinausgehen, würde nicht zusehen, wie Eva sich in die Hose quetschen mußte. Aber Franziska ging nicht. Sie blieb auf dem Hocker sitzen und schaute zu.
„Die Farbe der Hose paßt zu deinen Haaren", sagte sie.
„Genierst du dich nicht mit mir?" fragte Eva.
„Wieso?"
„Weil ich so dick bin."
„Du spinnst", sagte Franziska. „Wieso soll ich mich da genieren? Es gibt halt Dünne und Dicke, na und?"
Der Reißverschluß ging zu, ein bißchen schwer, aber er ging zu.
„So muß es sein", sagte Franziska. „Wenn du sie weiter nimmst, hängt sie morgen schon wie ein Sack an dir."
Die Farbe der Hose paßte wirklich gut zu ihren Haaren. Sie war so hell wie ihre Haare am Stirnansatz. Franziska kam mit dem rosafarbenen Hemd zurück. „Hier, zieh an."

d) Lies den Text zu Ende. Wie denkt Eva jetzt über ihr Aussehen? Und was sagt Franziska darüber? Notiere die Textstellen.

25 Dann stand Eva vor dem Spiegel, erstaunt, verblüfft, daß sie so aussehen konnte, so ganz anders als im blauen Faltenrock. Ganz anders als in den unauffälligen Blusen. Überhaupt ganz anders.

30 „Schön ist das", sagte Franziska zufrieden. „Ganz toll. Die Farben sind genau richtig für dich."

Dunkle Farben strecken, helle tragen auf. „Ich bin zu dick für so etwas. Findest du nicht, daß ich zu dick bin für solche Sachen?"

35 „Finde ich nicht", sagte Franziska. „Mir gefällst du so. Und was soll's! Im dunklen Faltenrock bist du auch nicht dünner. So bist du nun mal. Und du siehst wirklich gut aus. Schau nur!"

Und Eva schaute. Sie sah ein dickes Mädchen,
40 mit dickem Busen, dickem Bauch und dicken Beinen. Aber sie sah wirklich nicht schlecht aus, ein bißchen auffällig, das schon, aber nicht schlecht. Sie war dick. Aber es mußte doch auch schöne Dicke geben. Und was war das überhaupt: schön? Waren nur die Mädchen 150 schön, die so aussahen wie die auf den Fotos einer Modezeitschrift? Worte fielen ihr ein wie langbeinig, schlank, rassig, schmal, zierlich. Sie mußte lachen, als sie an die Frauen auf den Bildern alter Meister dachte, voll, üppig, schwer. 155 Eva lachte. Sie lachte das Mädchen im Spiegel an. Und da geschah es.

Es war ganz anders, als sie erwartet hatte, daß es sein würde. Eigentlich geschah nichts Sichtbares, und trotzdem war sie plötzlich die Eva, 160 die sie sein wollte. Sie lachte, sie konnte nicht mehr aufhören zu lachen, lachte in Franziskas erstauntes Gesicht hinein und sagte, während ihr das Lachen fast die Stimme nahm: „Wie ein Sommertag sehe ich aus. So sehe ich aus. Wie 165 ein Sommertag."

e) Macht eine Bildgeschichte aus dem Text.
   Die Bildgeschichte sollte etwa die gleichen Informationen enthalten wie der Text.
   Schreibt in Partnerarbeit,
   – was passiert (den Handlungsablauf der Geschichte),
   – was die Personen sagen. Die Personen können jeweils auch mehrere Aussagen machen.

Die Mutter kauft Eva immer nur Röcke.
Nun hat sie von ihrem Vater 100 Mark bekommen und möchte mit Franziska einkaufen
gehen.

Am nächsten Tag.

SPORT

Bildet zwei Gruppen. Welche Gruppe findet die meisten Sportarten in dem Bild? Notiert die Sportarten. Bei einigen hat der Zeichner Fehler eingebaut.

A1 *Beliebte Fun-Sportarten*

a) Ordne die Textabschnitte den Bildern zu.

① Billig ist das Ganze nicht. Für Brett und Segel müssen die Fans schon mindestens 3000 Mark ausgeben. Wenn sie keinen See und kein Meer in der Nähe haben, kommen noch die Reisekosten dazu.

② Sie wurden 1983 nach Deutschland importiert und machen heute 80 Prozent aller verkauften Räder aus, und das bei Preisen zwischen 1000 und 5000 Mark.

Skateboarding

③ Man braucht viel Mut. „Der Fall in die Tiefe ist schrecklich, man hat große Angst", sagen die Fans, die es schon einmal erlebt haben. Aber alle sind begeistert und wollen gleich noch einmal springen. In vielen Städten sind schon Kräne zum Springen aufgebaut worden.

④ Ein kleines Brett, vier Räder, viel Farbe und ein paar bunte Aufkleber: In vielen deutschen Städten rasen Jugendliche darauf durch die Straßen und machen zwischendurch akrobatische Kunststücke. Die Spezialisten auf dem Brett springen über Hindernisse, machen Handstand auf dem Brett und noch viele andere Tricks.

⑤ Zehntausende bezahlen heute bis zu 150 Mark für einen Sprung aus 70 bis 130 Meter Höhe.

⑥ Rund zwei Millionen Deutsche treiben heute diesen Sport als Freizeitspaß, entweder auf einem der vielen deutschen Seen oder im Urlaub am Meer. Die Könner gleiten auf ihren Brettern elegant über die Wellen und machen riskante Tricks und Sprünge. Die Gefahr, sich dabei schwer zu verletzen, ist groß. Zum Zubehör gehören deshalb auch eine Schutzweste und ein Helm.

Mountainbiking

⑦ Vor mehr als zwölf Jahren sprang ein Münchener Journalist kopfüber von einem 60 Meter hohen Kran. Es passierte nichts. Das Gummiseil, das er an seinen Füßen befestigt hatte, bremste den Sturz ab.

⑧ Die Sportler sind vom Wetter abhängig. Ohne Wind und Wellen läuft nichts. Deshalb sind Orte wie z.B. Hawaii so beliebt. Dort gibt es immer die richtige Windstärke.

⑨ Bei Wettkämpfen müssen Knie-, Ellbogen- und Handgelenkschützer und ein Schutzhelm getragen werden, denn die Verletzungsgefahr ist groß. Viele Jugendliche verzichten beim Training auf der Straße darauf, weil schon allein das Brett mindestens 400 Mark kostet.

⑩ Dicke Profilreifen und 18 bis 21 Gänge, das sind die Merkmale der Renner für Stadt und Land. Sie sehen gut aus und können viel mehr als normale Räder.

⑪ Auch Weltmeisterschaften werden ausgetragen. Die zweite Weltmeisterschaft fand 1989 in der europäischen Metropole der jungen Brettkünstler statt: in Münster. Zwei deutsche Jugendliche wurden 1989 Weltmeister im Streetstyle und im Freestyle, zwei von vier Disziplinen in dieser Sportart.

Windsurfen

Bungee-Springen

⑫ Schlechte Straßen, Waldwege, Berghänge – kein Problem für die Fans dieser Sportart! Die Spezialisten fahren sogar über Parkbänke, springen auf Treppenstufen und machen Tricks auf e i n e m Rad, mit einer Hand oder sogar freihändig. Dazu gehört aber hartes Training. Empfehlenswert sind Helm, Brille und eine passende Kleidung.

b) Mach ein Raster im Heft und sammle die wichtigsten Informationen.

	Mountainbiking	Windsurfen	Bungee-Springen	Skateboarding
Voraussetzungen (z.B. Wetter, Ort, persönliche Voraussetzungen)				
Zubehör (Kleidung, Sportgeräte)				
Kosten				
Risiken				
Möglichkeiten				

c) Was glaubst du, welcher Fun-Sport ist

– am gefährlichsten?
– am teuersten?
– am schwierigsten?

Welcher Fun-Sport interessiert dich am meisten?
Diskutiert in der Klasse.

A2 Wie sind die Fun-Sportarten entstanden?

a) Was erfährst du darüber im Text?

Immer neue Sportarten werden erfunden und kommen plötzlich in Mode. Oft werden bereits bekannte Sportarten variiert. Sie werden von Experten Fun-Sport ge-
5 nannt, was soviel bedeutet wie „Spaß-sport". Die meisten Fun-Sport-Ideen kommen aus Amerika. Das kann man schon daran erkennen, daß diese Sportarten fast alle amerikanische Namen haben. Es ist
10 charakteristisch für Fun-Sport, daß er erst durch Werbeaktionen großer Firmen populär wird.

Nach den Olympischen Spielen 1992, als die Sportbegeisterung der Jugend beson-
15 ders groß war, wurden von einer Sportartikelfirma Basketballturniere mit sehr einfachen Regeln veranstaltet, an denen Hunderte von Teams teilnahmen. Zwei Jahre später, nach der Fußballweltmeisterschaft
20 1994, begeisterte eine andere Firma die jungen Leute für Fußballturniere auf der Straße. So sind Streetball und Street-Soccer entstanden und zum Fun-Sport der Jugend geworden.
25 Ein anderer Fun-Sport-Knüller ist Beach-Volleyball, Volleyball am Strand. Kein neuer Sport, aber erst vor ein paar Jahren, als man die Fotos attraktiver Beach-Volleyballer in Modezeitschriften veröffentlichte, wurde daraus ein Fun-Sport. Seitdem rollen überall
30 in Deutschland LKWs mit Meeressand in die Innenstädte, damit auch in Dresden, Frankfurt oder Berlin barfuß übers Netz geschossen werden kann.

Einige Sportarten wurden zufällig erfunden.
35 So schraubten in den 60er Jahren in Kalifornien ein paar frustrierte Wellenreiter bei Windstille Rollen unter ihre Bretter und rasten über die Uferpromenaden. Von cleveren Geschäftsleuten wurde daraus das
40 Skateboard entwickelt. Einem Sportler war es zu anstrengend, zu den Wellen hinauszupaddeln, bevor er auf ihnen zurückreiten konnte. Deshalb bastelte er ein Segel auf sein Brett. Ein Computerexperte entwickelte
45 diese Idee zum Windsurfing weiter.

Von den Firmen wird natürlich für jede Fun-Sportart das entsprechende Zubehör angeboten (Kleidung, CDs, Zeitschriften usw.). Die Fans können an ihrer Kleidung erkannt
50 werden. „Zeig mir, was du trägst, und ich sage dir, welchen Sport du treibst."

b) Bilde Sätze.
   Beispiel: Die neuen Sportarten werden von Experten Fun-Sport genannt.

		aus dem Surfboard entwickelt.
✓ Die neuen Sportarten		die Begeisterung für Beach-Volleyball geweckt.
Die meisten Fun-Sportarten		auf einem Surfboard ein Segel befestigt.
Nach den Olympischen Spielen 1992		
Nach der Fußballweltmeisterschaft 1994	werden	Fußball auf der Straße gespielt.
Streetball und Streetsoccer	wurde	aus Amerika importiert.
Das Skateboard	wurden	auf den Straßen Basketballturniere veranstaltet.
Von einem Surfer		von Sportartikelfirmen erfunden.
Durch Fotos in Modezeitschriften		✓ von Experten Fun-Sport genannt.

GR1 Passiv (Vergangenheit)

Präteritum Die Fans wurden an ihrer Kleidung erkannt .	*wurde* + Partizip II
Perfekt (selten) Die Fans sind an ihrer Kleidung erkannt worden .	*sein* + Partizip II + *worden*

GR2 Passiv mit Modalverben

Präsens Die Fans können an ihrer Kleidung erkannt werden .	Modalverb + Partizip II + *werden*
Präterium Die Fans konnten an ihrer Kleidung erkannt werden .	

AB
1-5 →

A3 Woher kommt das Bungee-Springen überhaupt?

a) Lies die Sätze und bring sie in die richtige Reihenfolge.

⬜ Erst nach dem Mutsprung aus 30 Meter Höhe nahm man sie in die Gemeinschaft der erwachsenen Männer auf.

⬜ Die Sprünge aus über 130 Meter Höhe waren sehr spektakulär. Durch Fernsehberichte darüber weckte man das Interesse der Fun-Sportler.

⬜ Neuseeländer entdeckten diesen Brauch und brachten ihn zuerst nach Neuseeland und 1983 auch nach Europa.

⬜ Heute bieten auch Kaufhäuser und Geschäfte bei Werbeaktionen den Mutsprung von einem Kran an.

⬜ Von diesem Gerüst stürzten sie sich während eines großen Dorffestes in die Tiefe.

1 Den Sprung aus großer Höhe, nur mit einem Seil an den Füßen, erfand man auf der Südseeinsel Pentecost. Die jungen Männer bauten im Dorf Bunlap ein fast 30 Meter hohes Gerüst aus Baumstämmen und Zweigen auf.

⬜ Inzwischen hat man in vielen großen Städten für die Bungee-Fans Sprunganlagen gebaut.

⬜ Statt von selbstgebauten Gerüsten sprang man hier mit einem Gummiseil an den Füßen von hohen Straßen- und Eisenbahnbrücken.

b) Formuliere die Sätze im Passiv, wo es möglich ist.

GR3 *werden*

Such aus dem Text A2 alle Ausdrücke mit *werden* heraus und ordne sie.

werden + Partizip II	werden + Adjektiv	werden + Nomen

AB
6-7

In vielen Fällen	**wurden**	bereits bekannte Sportarten	**variiert** .	} *werden* + Partizip II (Passiv)
In vielen Fällen	**sind**	bereits bekannte Sportarten	**variiert** *worden* .	
Viele Sportarten	**wurden**	erst durch Werbeaktionen	**populär** .	} *werden* + Adjektiv
Viele Sportarten	**sind**	erst durch Werbeaktionen	**populär** *geworden* .	
Zwei Jugendliche aus Deutschland		**wurden**	**Weltmeister** .	} *werden* + Nomen
Zwei Jugendliche aus Deutschland		**sind**	**Weltmeister** *geworden* .	

A4 *Sag es anders*

Formuliere die Sätze mit *worden/geworden*.
Nimm dazu die Ausdrücke im Kasten.

> größer   Olympiasieger   fotografiert
>
> repariert   dicker   langsamer
>
> ~~krank~~   ~~bewundert~~   Erste   besiegt

Beispiele: Bei den Zuschauern hat große Begeisterung
über die Bungee-Springer geherrscht.
*Die Bungee-Springer sind von den Zuschauern bewundert
worden.*

Dem Sportler geht es nicht gut. *Er ist krank geworden.*

1 Ich laufe nicht mehr so schnell wie früher.
2 Bist du schon wieder gewachsen?
3 Ich glaube, ich habe ein bißchen zugenommen.
4 Das Mountainbike ist wieder in Ordnung.
5 Sie ist beim 100-m-Lauf am schnellsten gewesen.
6 Reporter aus aller Welt haben Fotos von ihr gemacht.
7 Er hat bei den Olympischen Spielen eine Goldmedaille gewonnen.
8 Ich habe beim Schachspielen noch nie verloren.

B HARTER SPORT

B1 *Frauenpower auf dem Eis*

a) Was seht ihr auf den Fotos? Sprecht darüber in der Klasse.

Eines der Mädchen auf den Fotos ist Sabine Arendt. Sie wohnt in Berlin. Sie und ihre beiden Schwestern spielen Eishockey. Sabine ist Verteidigerin beim DEC Eishasen Berlin.

b) Du möchtest Sabine interviewen. Welche Fragen stellst du? Notiere fünf Fragen.

c) Ein Reporter hat mit der Sportlerin gesprochen. Hör das Interview.
Welche *deiner* Fragen hat der Reporter auch gestellt? Notiere die Fragen, die er außerdem noch gestellt hat.

Hörtip

Fotos, Abbildungen und Zeichnungen enthalten Informationen, die dir beim Verstehen helfen.

d) Hör das Interview noch einmal.
Was antwortet Sabine? Notiere Stichworte.
Vergleicht eure Ergebnisse in der Klasse.

e) Schreib einen Brief an eure Schülerzeitung.
Beziehe dich auf das Interview mit Sabine.
Was erfährt man über ihren Sport? Was denkt sie darüber?

B2 **Männersportarten – Frauensport-arten?**

a) Welche der Sportarten auf den Bildern werden fast nur von Männern ausgeübt? Welche Sportarten machen fast nur Frauen?

b) Zu welchen Sportarten passen die Adjektive im Kasten? Was denkst du?

gefährlich   elegant   hart   brutal

schwer   schön   anstrengend

leicht   harmonisch   aggressiv

Gibt es bestimmte Merkmale für typisch weibliche und typisch männliche Sportarten?

B3 *Keine Angst vor harten Schlägen*

a) Überflieg den Text.
Ist das ein Text für oder gegen den Boxsport?

Gelsenkirchen ist nicht nur für seinen Fußballverein berühmt, den FC Schalke 04, sondern auch für den Boxclub (BC) Erle.

Früher kamen viele junge Türken. Heute
5 sind es auch Jugendliche aus verschiedenen anderen Nationen: aus Uganda, der ehemaligen Sowjetunion, Italien, dem Libanon. „Nicht nur der Sport zusammen mit Ausländern ist uns wichtig, sondern auch das Zu-
10 sammenführen von Jugendlichen aus unterschiedlichen Gesellschaftsschichten", sagt Siegfried Grönke, Vorsitzender des BC Erle. „Zwar laufen nicht alle Arm in Arm aus dem Boxring, doch sie lernen, den anderen
15 zu akzeptieren." Der Deutsche Sportbund

hat dem Verein vor zwei Jahren einen P für seine gute Jugendarbeit verliehen. Training ist dreimal in der Woche. In der Trainingshalle stehen Anfänger neben Bu
20 desliga-Kämpfern. Erst schlägt man gege Sandsack und Lederbirne. Dann übt man Schattenboxen: Die Schläge berühren de Gegner nicht. Wer gut ist, kann bereits m elf Jahren an Wettkämpfen teilnehmen.
25 „Der Boxsport ist aggressiv, brutal und schlecht für die Gesundheit", sagen die Gegner. „Wir versuchen seit Jahren, den schlechten Ruf des Boxsports zu verbessern. Immer wieder verwechseln die Leu
30 das Profi-Geschäft mit uns Amateuren", meint Grönke. „Bei uns braucht man

b) Lies den Text noch einmal und such Argumente für deine Meinung. Notiere Stichwörter.

c) Welche Unterschiede gibt es zwischen dem Profi- und dem Amateur-Boxsport?
Sprecht darüber in der Klasse.

Charakter und gutes Benehmen. Höflichkeit und Achtung vor dem Gegner sind Dinge, die jeder lernen und akzeptieren muß. Wir betreuen darum jeden Boxer sehr intensiv. Das fängt schon bei der Jugendarbeit an." Die Amateur-Boxer tragen einen Kopfschutz. Beim Wettkampf ist immer ein Arzt dabei. „Schlimme Verletzungen gab es bei uns in den letzten Jahren nie!" Geplant sind Box-AGs an Schulen und der Aufbau von neuen Jugendgruppen. „Wir wollen zeigen, daß Boxen nichts mit ‚Verkloppen'[1] zu tun hat, sondern mit körperlicher Fitneß, Intelligenz und Verantwortungsbewußtsein." ■

[1] verkloppen: ugs. (zusammen)schlagen

AB
8 →

C FREIZEITSPORT

C1 *Die Sport-Hitliste*

Rund 40 Millionen Deutsche machen in ihrer
Freizeit Sport.

Die beliebtesten Sportarten in Deutschland:

1. Turnen	6. Leichtathletik
2. Fußball	7. Reiten
3. Tennis	8. Tischtennis
4. Basketball	9. Schwimmen
5. Handball	10. Volleyball

a) Frag deinen Nachbarn / deine Nachbarin,
welchen Sport er/sie am liebsten macht.

Wie findest du …?
Machst du gerne …?

b) Erstellt eine Sport-Hitliste für eure Klasse.
Vergleicht sie mit der Hitliste der Deutschen.

C2 *Wozu Sport in der Freizeit?*

a) Je zwei Schüler/Schülerinnen bekommen einen Zettel mit der Nummer eines Bildes.
Übernehmt die Rolle des/der Jugendlichen auf eurem Bild und erzählt, wie und warum ihr euch mit
Sport beschäftigt.
Die Redemittel im Kasten helfen dabei.

	trainieren	abnehmen
manchmal	schwimmen	gewinnen
ab und zu	ins Stadion gehen	faul/bequem sein
oft	im Sportverein sein	sich nicht anstrengen
regelmäßig	joggen	fit bleiben
… Stunden	… im Fernsehen sehen	gesund bleiben
nie	Gymnastik machen	sich von der Schule erholen
	turnen	die Lieblingsmannschaft sehen
	… spielen	schöncr aussehen
	Leichtathletik machen	an Wettkämpfen teilnehmen
	Bodybuilding	Freunde treffen
		eine gute Figur bekommen
		Muskeln kriegen

b) Schreibt zu eurem Bild zwei Sätze auf einen Zettel. Mischt eure Texte und lest sie vor.
   Ratet, um welchen Jugendlichen / welche Jugendliche es sich handelt.

Ich gehe oft ins Stadion, weil
ich meine Lieblingsmannschaft
sehen will. Ich mache selbst
keinen Sport, weil ich …

Wer ist das?

GR4 **Finalsätze mit _damit_ und _um ... zu_**

_Er_ unterstützt seine Mannschaft, weil _sie_ gewinnen soll .
_Er_ unterstützt seine Mannschaft, damit _sie_ gewinnt. } er – sie

_Er_ geht ins Stadion, weil _er_ seine Mannschaft sehen will .
_Er_ geht ins Stadion, damit _er_ seine Mannschaft sieht. } er – er
besser:
_Er_ geht ins Stadion, um seine Mannschaft zu sehen.

Regeln:
a) verschiedene Subjekte: damit
    gleiches Subjekt: besser: um ... zu
b) damit und um ... zu : ohne _wollen, mögen, sollen_

 AB 9-13

c) Berichte noch einmal, wozu die Jugendlichen in deiner Klasse Sport machen, und formuliere
    die Sätze jetzt mit _damit_ und _um ... zu_.

C3 _Ganz schön komisch: Fahrrad Marke Eigenbau_

Fahrräder sind „in": Immer mehr Menschen steigen auf ein Fahrrad und bewegen sich mit ihrer Muskelkraft durch den dichter werdenden Autoverkehr. Auch als Gerät für Sport und Freizeit ist das Fahrrad interessant. Die neuesten Modelle sind keine einfachen „Drahtesel" mehr. Im Gegenteil: 21 Gänge, Rahmen aus Titan und elektronische Geschwindigkeitsmesser gehören heute zu einem modernen Fahrrad.

Allerdings sind diese Luxusräder nicht gerade billig. Darum gibt es immer wieder Menschen, die sich ihr Fahrrad selber bauen. Mit Fantasie und technischem Geschick entstehen Fahrzeuge, die manchmal nur entfernt an ein Fahrrad erinnern.

a) Welches der selbstgebauten Fahrräder gefällt dir am besten? Wie sieht es aus?
    Welche Vor- und Nachteile hat es wohl? Sprecht darüber in der Klasse.

Über allen Köpfen sitzt Didi Senft auf seinem „Superrad". Der ehemalige Radrennfahrer und gelernte Karosseriebauer stellte es erstmals auf der Kölner Messe Intercycle vor. Die Maße sind wirklich super: 3,70 Meter hoch und 7,80 Meter lang.

Bis zu 20 Kilometer schnell wird das unge-
wöhnliche „LAWALU" des Konstrukteurs
Beese. Es wird mit den Händen angetrieben
und auch gesteuert. Wenn man es entspre-
chend nachrüstet, kann es sogar schwimmen.

In 200 Arbeitsstunden haben Winfried Ruloffs (vorn) und
Otto Troppmann ihr „Riesenrad" gebaut. Zwei Personen
sind auch nötig, um das Tandem mit seinen 140 Kilo-
gramm Gewicht in Bewegung zu bringen.

Das Tretmobil entwickelte der Hobbybastler
Dirk Rammenstein (vorne im Bild). Das
Rad ist durch den „Liegesitz" sehr bequem,
und sogar bei Gegenwind kann man noch
25 Kilometer schnell fahren.

b) Such die passende Beschreibung für das Fahrrad, das dir am besten gefällt.
Vergleiche sie mit deiner Beschreibung.

C4 *Eine Radtour durch Thüringen*

a) Seht euch die Karte an. Was könnte man dort in den Ferien machen?

Frank (17), Anne (17) und Daniela (16) aus Frankfurt am Main haben im letzten Sommer eine Radtour durch Thüringen gemacht. Im Jugendfunk berichten sie darüber.

b) Hör den Bericht der jungen Leute und verfolge ihre Fahrt auf der Karte. Welche Städte haben sie besucht? Notiere.

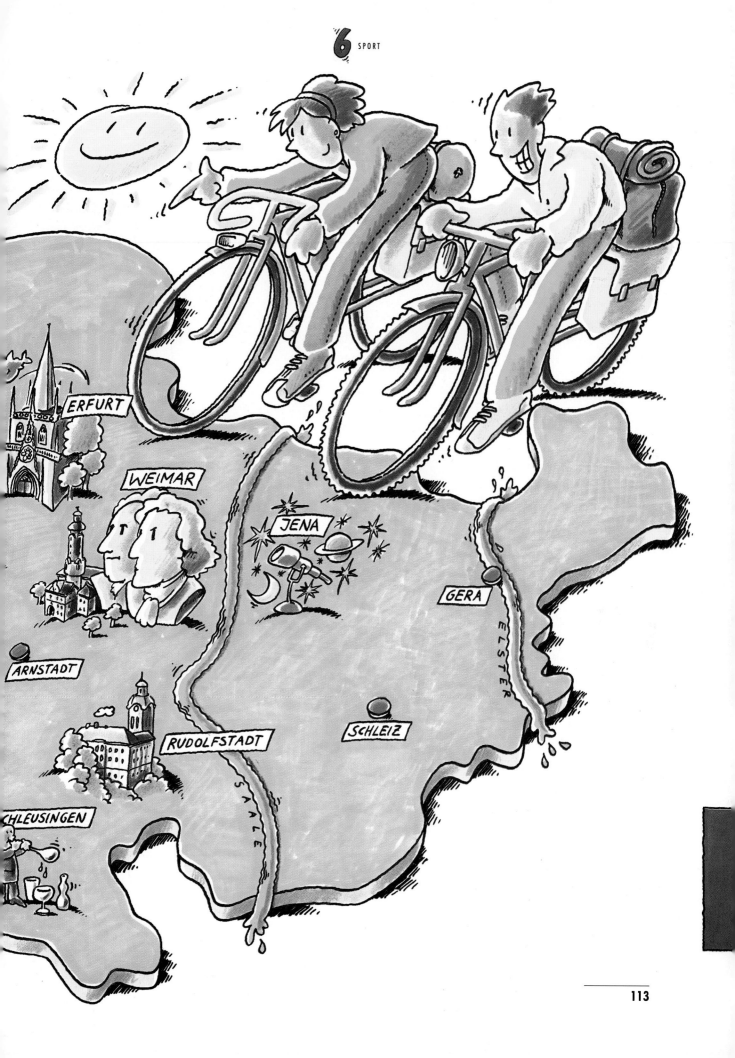

c) Lies die Postkarten, die Frank, Anne und Daniela an ihre Freunde geschrieben haben.

Ⓐ

Hallo Silke!

Nach einer Nacht in einer Jugendherberge sind wir von Erfurt nach Osten weitergefahren, in eine Stadt, wo zwei berühmte Dichter gelebt haben. Du kennst ja bestimmt Goethe und Schiller.

Es grüßen Dich
Daniela, Anne und Frank

AUSLESE-BILD-VERLAG, 36422 BAD SALZUNGEN, PSF. Tel. 036 95/21 25

WEIMAR
10-5. 95
99423

Silke Frank

Narzissenweg 8

63075 Offenbach

Ⓑ

Hallo Anna,
für einen halben Tag lassen wir unsere Räder in der Jugendherberge und fahren mit dem Bus in die Berge. Eigentlich ist es ja im Winter schöner, weil man da Skilaufen kann.
Aber die Aussicht ist auch jetzt toll.
Bis bald
Anne und Daniela

Ⓒ

Hallo Mike!
Nach einer tollen Fahrt durch Wald und Natur haben wir unser nächstes Ziel erreicht. Wir waren im Schloß   – einfach toll! Alles war aus Gold. Am Nachmittag fahren wir weiter.

Alles Liebe
Daniela

Ⓓ

Lieber Moritz,
wir haben hier in Thüringen schon eine Menge gesehen. Heute waren wir in der Hauptstadt, aber wir hatten keine Lust mehr, Museen und Kirchen zu besichtigen. Deshalb waren wir im Aquarium. Es gab da viele interessante Tiere.
Bis bald
Frank

Ⓔ

Lieber Andi,
ich habe noch nie so viele Schlösser und Burgen gesehen. Zuerst war es ganz interessant, aber jetzt habe ich eigentlich genug davon. Heute haben wir ein Planetarium besucht und uns mal die Sterne angeguckt. Das war echt schön.
Na dann, tschüs
Frank

Ⓕ

Liebe Gabi,
wir haben heute das Haus von Johann Sebastian Bach gesehen. Wir waren auch auf einer berühmten alten Burg. Dort hat Martin Luther 1521/22 die Bibel übersetzt. Die Aussicht von da oben war fantastisch. Wir übernachten in einer Jugendherberge.
Tschüs
Anne

d) Hör den Bericht noch einmal. Aus welchen Städten haben sie die Karten geschickt?

e) Ergänze den Reisebericht mit den Ausdrücken aus dem Kasten.

Frank, Anne und Daniela haben sich ▨ Haupt-
bahnhof ▨ Offenbach getroffen und sind mit
dem Zug ▨ Offenbach ▨ Eisenach gefahren.
Dort haben sie ihre Räder ▨ Zug geholt und
5 sind zuerst ▨ Marktplatz und dann ▨ Wartburg gefahren. ▨ Wartburg ist alles sehr alt, aber
die Räume sehen toll aus. ▨ Burg kann man
sehr weit sehen. Nach diesem Ausflug sind sie ▨
Jugendherberge gefahren und haben dort über-
10 nachtet.
Am nächsten Tag sind sie ▨ Gotha gefahren, das
ist 30 Kilometer östlich ▨ Eisenach. Kurz ▨

Gotha haben sie ▨ See Pause gemacht und sich
mit Leuten aus der Gegend unterhalten. ▨ Stadt
15 haben sie sich ein Schloß angesehen. Sie sind
auch ▨ Erfurt gefahren. Dort sind sie ▨ Aquarium gegangen.
Am vierten Tag sind sie morgens ▨ Weimar weitergefahren. Am Nachmittag haben sie ▨
20 Schloßpark ein Picknick gemacht, und abends
sind sie ▨ Konzert gegangen. Die Radtour ▨
Thüringer Landschaft hat den jungen Leuten viel
Spaß gemacht.

auf die	nach	auf der	von	nach
an einem	in der	in am	aus dem	in die
nach	ins	vor	von	von der
durch die	nach	zum	ins	im

GR5 Lokale Präpositionen

mit Dativ und Akkkusativ:	an – auf – in – über – vor – zwischen
mit Dativ:	aus – bei – nach – von – zu
mit Akkusativ:	durch

an
auf + das
in
} ans
aufs
ins

an
bei
in + dem
zu
} am
beim
im
zum

AB
14-18 →

f) Besorgt euch eine Deutschlandkarte.
Plane mit deinem Nachbarn / deiner Nachbarin eine
Radtour. Legt die Route fest und überlegt, was ihr
unternehmen oder besichtigen wollt.
Stellt eure Ferienpläne euren Klassenkameraden vor.
Dann könnt ihr in der Klasse noch einmal gemein-
sam über die Radtour diskutieren.

D ANGST VOR DEM SPORTUNTERRICHT

Die folgende Erzählung ist von Gabriele Wohmann.

Angst vor der Sportstunde

a) Lies die Überschrift. Überlege, aus welchen Gründen ein Schüler / eine Schülerin Angst vor der Sportstunde haben könnte.
Wie verhält er/sie sich wohl?
Sprecht darüber in der Klasse.

b) Lies den Text. Warum nimmt Paul sehr oft nicht am Sportunterricht teil?

Gabriele Wohmann ist 1932 in Darmstadt geboren, wo sie auch heute noch lebt. Ein häufiges Thema in ihren vielen Erzählungen und Romanen ist das Verhältnis von Jugendlichen und Erwachsenen.

Halsweh geht nicht mehr, Halsweh hatte er montags lang genug gehabt. Seit die Eltern seinetwegen den Hals-Nasen-Ohrenarzt konsultiert haben, nützt Paul keine
5 Klage. „Dieser Hals ist in Ordnung." „Er tut aber trotzdem weh", behauptet Paul, dem daraufhin die Eltern fast glauben. Sie schreiben ihm dennoch keine Entschuldigung. Paul hat daher sämtliche Halserkrankungen aufgege-
10 ben[1].
Dagegen bewährt sich jetzt die falsche Eintragung auf seinem Stundenplan. Statt der zwei Stunden Sport, mit denen am Montag die Woche anfängt, hat er Religion und Geografie
15 vermerkt, zwei Fächer, die er nicht fürchtet. Sport steht donnerstags da. Die Mutter kann sich nicht erklären, was trotzdem montags mit ihm los ist. „Was fehlt dir? Hast du Bauchweh?"
20 „Auch das, ja, etwas." „Hast du Fieber?" Die Mutter zeigt nun dem Vater ihr erhitztes Gesicht, vor Ratlosigkeit zornig. Kranke Kinder mögen die Eltern nicht. „Versuch nur nicht, dich zu drücken[2]", sagt der Vater.
25 Allergien sind gut. Paul hat einen Ausschlag. Es sieht lachsrot aus und juckt. „Es kann sich höchstens um eine ganz schwache Allergie gehandelt haben", sagt der Facharzt. „Was hat er gegessen? Oder Nesselsucht aufgrund psychi-
30 scher Störungen?" „Das wollen wir nicht hoffen", sagt der Vater. „Er hat es doch gut. Es geht ihm doch glänzend." Paul gibt Allergien auf. Die U IIIb steht längs der Sprossenwand in einer Reihe. Paul, der absichtlich sein Turnzeug
35 vergessen hat, muß sich doch am Unterricht be-

teiligen. „Laß dich nur von deiner Mutter dafür ausschimpfen", sagt der Lehrer. Turnschuhe hat man ihm geliehen. Sie zählen ab. Köhler und Friedrichs, die Spitzensportler, dürfen sich ihre Mannschaften zusammenrufen. Abwechselnd
40 holen sie sich die Besten. Paul gehört zum Rest, den der Lehrer strafend und gerecht auf beide Teams verteilt. Köhler stöhnt beim Zuwachs seiner Gruppe durch Paul, der ihn haßt.
Jetzt bekommt er schon am Sonntag Kopfweh.
45 Kopfweh ist ein Fund[3]. Die Sonntage haben sich endlich wieder in Ruhepausen zurückverwandelt, Sport am Montag stört ihn nicht mehr. In seinem Schaukelstuhl am Fenster zum Garten verbringt Paul schläfrige Stunden, hört
50 Musik, stellt aber das Schaukeln ein[4] und die Musik aus, wenn er Schritte vor seiner Tür hört: die Eltern treten mißtrauisch[5] ein. „Hast du noch Kopfweh?" Ja, leider, ihn quält wieder dieses rätselhafte Kopfweh, und gegen Abend
55 kommt Übelkeit hinzu[6]. Aufs Essen zu verzichten, macht ihm nichts aus.
Paul kann nicht mal Rundlauf, eine Übung, die sich Mädchenklassen bei besonderen Gelegenheiten wünschen.
60 Der Turnlehrer läßt nicht locker. Er befiehlt die Eltern in die Sprechstunde.
„Was will denn dein Sportlehrer von uns?" Paul vermittelt den Eindruck, er habe keine

70 Ahnung. „Warum treibt unser Sohn nicht gern Sport? Sport ist etwas Wunderbares, was ist mit Paul?" fragen sich die Eltern. „Unser Sohn ist doch nicht fett und gar nichts, er hat doch keinen Schönheitsfehler, du bist doch ein guter

75 Läufer in den Sommerferien", sagt der Vater.

„Hast du etwa Angst? Dann müßtest du dich augenblicklich überwinden⁷. Dann ist Sport das Beste. Angst kann man als Mann nicht gebrauchen, etwas sehr Schlimmes, etwas Sau-

80 blödes und sehr Schlimmes, das ist Angst, mein Sohn."

In seinem warmen Bett kriecht Paul tiefer. Halb über den Kopf zieht er die Decke. Beim Stabwechsel⁸ immer zu langsam, verspätet er sich

85 auch diesmal beim Start. Er wünscht sich Schnee. Es schneit, wenn er es sich vorstellt. In seinem Zimmer, bei abgeschlossener Tür, gelingt ihm Schneefall und alles. Hier hat er ganz gerade Beine. Seine Arme sind kräftig, oben

90 muskulös.

Die Eltern haben den Sportlehrer in der Stadt getroffen und wissen jetzt Bescheid. Als die falsche Eintragung im Stundenplan zur Sprache kommt, schützt Paul Flüchtigkeit vor. Er gibt an, es sei ihm egal, welche Stunden er versäume, 95 er beneide die Eltern, die sich anscheinend keine Vorstellung von seinem Kopfweh machen könnten. Der Arzt versteht ihn besser, der Arzt ist einverstanden mit seinem Kopfweh.

Sein Attest⁹ gilt aber nur ein halbes Jahr, wird 100 um einen Monat verlängert, dann nicht mehr verlängert.

¹ aufgeben: hier: Er sagt nicht mehr, daß er Halsschmerzen hat.
² sich drücken: nicht tun wollen
³ Fund: hier: Lösung
⁴ einstellen: aufhören
⁵ mißtrauisch: nicht vertrauend
⁶ Übelkeit kommt hinzu: es wird ihm schlecht
⁷ sich überwinden: etw. tun, obwohl man es nicht will/ Angst davor hat
⁸ Stabwechsel: gehört zur Sportart Staffellauf
⁹ Attest: Krankheitsbescheinigung vom Arzt

c) Was stimmt? Begründe deine Meinung.

1 Paul ist oft richtig krank.
2 Paul erfindet oft Krankheiten.

d) Welche Sätze sind richtig?
Gib bei den richtigen Sätzen die Zeilen im Text an.

1 Paul hat montags Religion und Geografie.
2 Paul ist nicht gut in Sport.
3 Paul ist bei seinen Mitschülern beliebt.
4 In der Sportstunde wählt niemand Paul in sein Team.
5 Die Eltern machen sich große Sorgen um Paul.
6 Die Eltern glauben, daß Paul sehr krank ist.
7 Der Vater meint, daß Jungen keine Angst haben dürfen.
8 Paul hätte gern gerade Beine und muskulöse Arme.
9 Mit Kopfweh konnte Paul seine Eltern und den Arzt am besten täuschen.

Anhang: Phonetik

a) Schreib den Text richtig: mit Groß- und Kleinschreibung und den Satzzeichen.

montagsundmittwochsgeheichnachderschulenichtgleichnachhauseso
nderninsjugendhausinderlangestraßedagibtsnämlichcomputerkurse
diemachteintypderunsallemöglichentricksmitdemcomputerzeigtderist
echtcooleinpaarfreundevonmirgehenauchhinesmachtwirklichspaß

 b) Hör den Text.

Notiere die Wörter, die am meisten betont werden. Dort ist der Satz-
akzent.
Hier verstärken wir die Stimme.
Gewöhnlich gibt es in einem Satz einen Hauptakzent, oft am Satzende.
Es werden die Wörter betont, die für die Aussage wichtig sind:

*Nach der Schule gehe ich ins **Jugend**haus.*
*Da gibt es nämlich **Computer**kurse.*

Aber: Es gibt hier auch viele Freiheiten.

 c) Hör die Sätze. Wo liegt der Satzakzent? Sprich die Sätze laut.

1 Zwischen Deutschland und Frankreich gibt es einen Schüleraustausch.
2 Ich habe auch schon mal an einem Schüleraustausch teilgenommen.
3 Die meisten deutschen Jugendlichen waren aus meiner Schule in
Stuttgart.
4 Anfangs hatten wir große Probleme mit der Verständigung.
5 Aber nach einiger Zeit klappte es ganz gut.

 d) Hör einen Text aus A1. Welche Wörter werden betont?

Lektion 2
Wortakzent

a) Sprich die Wörter.

Eigenschaft – freundlich – laufen – Gruppe – tanzen – Arbeit –
anstrengend – schlafen – gleichzeitig – Reisebus – langweilig –
Zärtlichkeit – zeigen – Vorliebe – wohnen – Kleidermarke

Wo ist der Wortakzent?
Hör die Wörter und kontrolliere deine Aussprache.

b) Sprich die Wörter.

anstrengen – Aussage – telefonieren – bedanken – entscheiden –
Beruf – Oberstufe – verabreden – Gesundheit – austauschen – Verbot
– bekannt – mitmachen – umarmen – Erholung – genau – zugeben –
gemütlich – Verein – Klassenarbeit – interessieren – Grundschule

Hör die Wörter.
Bei welchen Wörtern ist der Wortakzent nicht auf der ersten Silbe?

c) Hör die Wörter. Welche Silbe wird betont?

Mentalität – Nationalität – interessant – aggressiv – aktuell –
Intelligenz – tolerant – Projekt – Tourist – Frisör – Dossier – charmant

Wortakzent	Beispiele
normalerweise auf der ersten Silbe	gében, Klásse, álle
bei zusammengesetzten Nomen: erstes Wort	Ábschlußzeugnis, Gásteltern
Vorsilben a) *be-, ent-, er-, ge-, ver-, zer-* (untrennbar): auf der zweiten Silbe	beántworten, entspréchen, Erlébnis, gefállen, verlíeben, zerstören
b) trennbare: auf der Vorsilbe	mítkommen, lósfahren, aúfhören
auf *-ieren*	demonstríeren, radíeren
bei Fremdwörtern: auf der letzten Silbe	Philosophíe, toleránt

d) Sprich die Wörter.

Behinderung – Verlag – reservieren – ersparen – Erdbeben – entnehmen
– gespannt – mitteilen – Spezialität – verordnen – zuschneiden –
Kinderzirkus – bestraft – Auffahrt – Gemüsesuppe – betreiben –
referieren – Ermüdung – Entstehung – gescheit – Getreide – Bettdecke –
jämmerlich – Politik

Hör die Wörter und korrigiere deine Aussprache.

Lektion 3
Lange und kurze Vokale

a) Sprich die Wörter. Wo wird der Vokal lang, wo wird er kurz gesprochen?

Gruppe – nerven – beliebt – Ausflüge – Lehre – Schule – Geschmack –
Saal – Zwilling – Brief – Name – spüren – Bilder – achten – zufrieden –
kaputt – stören – Fächer – Computer

 Hör die Wörter und kontrolliere deine Aussprache.

lange und kurze Vokale		Beispiele
lang [‾]	Vokal + *h*	auswählen, Wohnung
	ie	Liebling, sieben, verdienen
	aa, ee, oo	Haar, Meer, Boot
	Vokal + Konsonant + Vokal	erleben[1], Klima, Lösung
	[1] Die Aussprache richtet sich immer nach dem Infinitiv, also auch: du erlebst, sie erlebt	
kurz [•]	Vokal + Doppelkonsonant	alle, erkennen, knapp, Sitte
	Vokal + zwei oder mehr Konsonanten	Gast, Land, schuld, setzte, Verwandte

 b) Hörst du in der ersten Silbe einen langen oder kurzen Vokal?

	lang	kurz		lang	kurz		lang	kurz
1			5			9		
2			6			10		
3			7					
4			8					

 c) Welches Wort hörst du?

1	Aal	All	6	Hüte	Hütte
2	Lüge	Lücke	7	kam	Kamm
3	Stahl	Stall	8	fühlen	füllen
4	Bett	Beet	9	wieder	Widder
5	Liebe	Lippe	10	bieten	bitten

d) Sprich die Wörter.

1	Schatten	Scharen	Schaschlik
2	Bläser	Blech	Blässe
3	rasch	Rand	rasen
4	Monat	Motte	Mond
5	wissen	Wildnis	Wiese
6	Lage	Laden	Land
7	Kumpel	Kuren	Kurse
8	Michael	Mitte	Miete

 Hör die Wörter und kontrolliere deine Aussprache.

a) Sprich die Wörter. Achte auf die Aussprache von „st" und „sp".

Student – Schwierigkeit – sparen – austauschen – stressig – vorstellen –
später – Veranstaltung – altmodisch – bestrafen – Eingangstür – schlecht
– Freistunde – Spaß – anstrengend – Dienstag – verstehen – Gastfamilie –
Kiste – versprechen – Brettspiel – Lust – Westen – Dienstag

Wo hast du „sp" und „st" so ausgesprochen wie „schp" und „scht"?
Hör die Wörter und kontrolliere deine Aussprache.

st und *sp*	Beispiele
am Wortanfang wie *Tisch*, *Schule*, *fischen*	Stuhl, streiten, Kleinstadt, Sprung, Vorsprung, entsprechen
am Wortende und am Ende einer Silbe wie *Bus*, *Haus*	Fest, fasten, Lastwagen, Wespe, Knospe

b) Sprich die Wörter.

Schiedsrichter – Veranstaltung – Sprudel – Stachel – verschreiben –
mischen – Busch – geschwind – lispeln – spritzig – steil – Kasten –
Liste – Baustelle – Astgabel – Frost – verstummen – absperren –
Mittagstisch – Kleiderständer – Stempel – sprengen – Stau –
Transport – trostlos – Sonnenstrahl – Taste – überspannen

Hör die Wörter und kontrolliere deine Aussprache.

a) Sprich die Wörter.

Hamburger – Wörter – griechisch – aber – braun – antworten –
rechnen – Schauspieler – Sprecher – Regel – rar

 Hör die Wörter. Wo hört man ein „r"?

r	Beispiele
so ähnlich wie *a*:	
– nach langen Vokalen	Tür, hier
– die Endung *er*	Kinder, Lehrer
– in festen Vorsilben	herkommen, erklären, vergessen, zerstören
Zäpfchen-*r*:	
– am Anfang einer Silbe	Rose, beraten, hören
– nach Konsonanten	frei, kriegen, Strafe
– nach kurzen Vokalen	warten, Berg, Firma

b) Sprich die Wörter.

Rechtschreibung – Verabredung – krank – Bilderrahmen – Regentropfen
– traurig – verhindern – Tränen – Sauberkeit – der – Finger – Getränk –
dreiunddreißig – sicher – international

 Hör die Wörter und kontrolliere deine Aussprache.

 *c) Hör in B4, was Timo über Markenkleidung sagt. Bei welchen
Wörtern hört man das Zäpfchen-r?*

a) *Hör zu und achte besonders auf die Wörter, in denen du ein „ü"*
hörst. Notiere beim zweiten Hören die Wörter, in denen du ein
„ü"hörst. Welcher Buchstabe wird auch wie „ü" ausgesprochen?

y	Beispiele
im Wort wie *Hüte, müde, müssen*	Typ, Analyse, Rhythmus
am Wortende wie *mit, Licht*	Hobby, Gaby

b) *Welches Wort hörst du?*

1	lügen	liegen	5	sieden	Süden	9 Kiel	kühl
2	vier	für	6	spülen	spielen	10 Stiele	Stühle
3	Ziege	Züge	7	Tiere	Türe	11 gefiel	Gefühl
4	Liste	Lüste	8	fühlen	fielen		

c) *Hörst du „u" oder „ü"?*

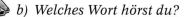

1   **ü**   6   11
2   7   12
3   8   13
4   9   14
5   10   15

d) *Sprich die Wörter. Achte auf eine deutliche Unterscheidung der Laute „i" und „ü".*

Flügel – Fliege – führen – vier – Analyse – Sitte – Küste – Kiste – Flüsse – Miete – bücken – Lücke – Düfte
– Lift – zurück – Liste – lüften – Mythos

Hör die Wörter und kontrolliere deine Aussprache.

e) *Was reimt sich?*
Hör die Wörter und notiere das passende Reimwort aus dem Kasten.

küssen   wittern   Mühe   füllen   lieben bücken   wissen   Himmel   Hüte   fühlen

Quellenverzeichnis

Seite 18/19:   Text aus: Jugendscala 4/88
Seite 20/21:   Text aus: Jugendscala 4/90; Foto: Anna Gripp, Hamburg
Seite 23:   Text aus: Juma 2/93; Foto: amw Pressedienst, München
Seite 24/25:   Auszug aus: *Ich will mit dir gehn*. rotfuchs 392 © 1985 by Rowohlt Taschenbuch
                 Verlag GmbH, Reinbek
Seite 26:   Gedicht *Ich träume vor mich hin* von Alfred Zacharias aus: Überall und neben dir.
                 Hrsg. v. H.-J. Gelberg © 1986 Beltz Verlag, Weinheim und Basel, Programm
                 Beltz & Gelberg
Seite 28:   Statistische Zahlen aus: STERN 24/89 *Jugendforum*
Seite 29:   Text aus: Juma 3/94
Seite 33:   © Irina Korschunow, Gauting
Seite 36:   Hörtext aus: STERN 33/93 *Liebe, die muß reifen*
Seite 39:   © Hans Frevert, Baden-Baden
Seite 42/43:   Text aus: Jugendscala 4/88
Seite 46:   © Marie Marcks, Heidelberg
Seite 51/52:   Text aus: *Oma* von Peter Härtling © 1975, 1990 Beltz Verlag, Weinheim und
                 Basel, Programm Beltz & Gelberg
Seite 54/55:   Text aus: BRAVO 55/92
Seite 57:   Buttons aus: Goethe-Kalender 94
Seite 60/61:   Text aus: *Lady Punk* von Dagmar Chidolue © 1985 Beltz Verlag, Weinheim und
                 Basel, Programm Beltz & Gelberg
Seite 68:   Texte aus: TREFF 9/88, Velber Verlag, Seelze
Seite 70/71:   Text aus: *Moons Geschichte* von Nicole Meister, Arena Verlag/Benzinger Edition,
                 Würzburg
Seite 78-80:   Auszug aus: *Ich bin eine Wolke* von Dagmar Kekulé, rotfuchs 191 © 1978 by
                 Rowohlt Taschenbuch Verlag GmbH, Reinbek
Seite 82/83   Fotos: MHV-Archiv (4/2)
Seite 84:   Texte nach: JUMA 2/93 und 3/93; Fotos: dpa, Frankfurt
Seite 86/87:   Text aus: JUMA 3/92; Fotos: Fotofabrik Jürgen Dehniger, Leverkusen
Seite 88:   Gedicht aus: *Junge deutsche Literatur* von Susanne Rathlau, Goethe-Institut München
Seite 92/93:   Texte und Fotos aus: JUMA 1/91
Seite 94:   Foto: Sohne's Tattoo-Studio, München (© Meier)
Seite 95-97:   Text aus: *Bitterschokolade* von Mirjam Pressler © 1980 Beltz Verlag, Weinheim und
                 Basel, Programm Beltz & Gelberg
Seite 100/101:   Fotos: dpa Berlin; Bungee-Springen: Jochen Schweizer Jumping, München
Seite 102:   Text aus: P.M. 8/94
Seite 104/105:   Text nach: STERN 42/93; Fotos: Eishockey News Straubing (© Ulrich zur Nieden,
                 Hannover);
Seite 106/107:   Text nach: JUMA 1/91; Fotos: Box-Club Gelsenkirchen-Erle (© Siegfried Grönke)
Seite 110/111:   Text aus: JUMA 1/93; Fotos: dpa Frankfurt
Seite 116/117:   Auszug aus: Der *Knurrhahn-Stil* von Gabriele Wohmann, Geschichten 9/10
                 zusammengestellt von Kaspar H. Spinner, Luchterhand Literaturverlag, München
                 Fotos: Schüler der Realschule Ismaning (© Müller)

Alle anderen Fotos auf den Seiten 8,9,11, 31, 34, 35, 42, 43, 54, 55, 68, 72, 73, 82 unten, 83 (3)
Werner Bönzli, Reichertshausen.